夜回り先生の卒業証書

冬来たりなば春遠からじ

水谷 修

日本評論社

prologue

プロローグ

私が「先生」と呼ばれるようになって、すでに二二年の月日が過ぎました。「夜回り先生」と呼ばれるようになってからでも、すでに一三年の月日が過ぎました。このあいだ、学校で、夜の街で、メールや電話で数万人の子どもたちとかかわり、ともに生きてきました。また、全国各地での講演をとおして、五〇万人を超える人たちに、私のかかわっている子どもたちの哀しみを訴えてきました。

そんな私にとっても、今年は激動の年でした。私は今年九月三〇日に、私の大切な仕事、夜間高校の教員を辞めることになりました。その事情は本文に譲ります。

教育というものは、けっして一回、一瞬の勝負ではありません。一人ひとりの子どもたちとの毎日のふれあいのなかから、一年あるいは数年という期間のなかで継続的につくっていくものです。私は、この本来の教育の場と生徒を失いました。それでも私は恵まれています。こうして書くものをとおして、年間三〇〇本を超える全国各地での講演をとおして、夜の街での子どもたちとのふれあいをとおして、さまざまな教育活動をしていくことができます。でも、こうして強がってみても、ほんとうはやはり寂しいです。

そのようななか、今までに私とかかわってきた多くの子どもたちが、私を励ましてくれています。私のかつての教え子の一人が、仲間たちとある計画を実行しようとしています。私の住む横浜の夜の街でたむろする子どもたちに「夜回り先生、授業中」というビラを配り、公園に集めて、そこで私に定期的に授業をさせようというのです。彼女は私に「先生、生徒さえいれば、いつでも先生は先生だよ。教室は失ったかもしれないけど、先生にはたくさんの生徒がいる。先生、今度は《夜空の先生》になるんだよ」。

この本は、どちらかといえば、私からの大人のみなさんへの授業です。この本をとおして、一人でも多くのみなさんが、夜の街や夜の部屋で苦しむ子どもたちの今について、知っていただければ幸いです。

二〇〇四年一一月

水谷　修

夜回り先生の卒業証書

冬来たりなば春遠からじ

目次

contents

Part Ⅱ 夜回り先生、子どもたちの明日を語る
――褒めて、褒めて、愛を与えて

Part

I

夜回り日記

子どもたちの笑顔がほしくて

COFFEE

ライン大増発
22分

diary 1 至福の時

昨日は、とても幸せなことがありました。今から一〇年前に定時制高校で私のクラスの生徒だった一人の少女との再会でした。この九月に学校を去った私を励ましに、恋人を連れて私に会いに来てくれたのです。この少女は、入学後、学校に来たのはわずか一ヶ月でした。学校には来ても給食を食べてそして夜の街へ……。私がそのクラスで最も早く失った生徒でした。そして、その後消息をも見失いました。

今年の五月、この少女から私の学校に電話がありました。「先生、覚えてる？ M高校で先生の生徒だった○○だよ」。明るいはじけるような声が電話口から聞こえました。「○○、どうしてたんだ」、私は、一瞬で彼女のことを思い出しました。彼女はその日の朝、テレビをつけていたそうです。そのテレビから「もしもし、水谷です。どうしたの？……。いいんだよ」という声が流れてきて、テレビを見たら水谷の顔。あっ、先生だと思った瞬間に電話をしていたそうです。そしてその翌日、彼女と会うことになりました。

彼女は待ち合わせの場所に自転車で現れました。二五歳、その年齢相応の落ち着いた服装。かつての派手な服装や化粧を考えると、見違えました。彼女から聞いたこの一〇年間の苦しみに涙がこぼれました。暴力団の彼氏、覚せい剤、風俗に売られたこと、そこからの立ち直り……。

「なぜ、水谷を使わなかったの」。思わず叫んでいました。

そして、彼女から話を聞きました。私との一ヶ月、私から毎晩のように家にかかってくる電話が、当時はうざったかったそうです。「もしもし、水谷です。どうした。今までのこといいんだよ。水谷使いなさい……」。そして、そのまま夜の世界に。

しかし、彼女がある一線を越え沈もうとするたびに、私のあの声が耳元で響いたそうです。そして、それを糧にして今までを生き抜いてきたそうです。うれしかったです。やっと戻ってきた私の大切な生徒でした。

昨日の深夜、彼女と彼女の恋人とともに食事しました。私の前でのプロポーズ。彼女は彼にそうしてほしいと頼んだそうです。彼女はこう言っていました。「先生の前で言う言葉は、重さが違うから……。それに先生に、彼に、『いいんだよ』って言ってほしいから……」。やっぱり私は目を潤ませていました。幸せでした。

diary 2

たくさんの笑顔がほしくて

たぶん、これを読むみなさんは「昼の世界の住人」だと思います。美しい花や鳥の声、なにより暖かい太陽の光に囲まれた世界の住人だと思います。残念ながら、私は違います。

私は今から一三年前、横浜市にある夜間高校の教員となりました。そしてそれと同時に、夜の世界、闇の世界へと入ることとなってしまいました。

私の住む夜の街は、虚《むな》しいウソに包まれた真っ暗な暗黒の世界です。いくらギラギラ輝く彩《いろど》りがあったとしても、それはつくられたもの。よく見れば薄汚れたウソの彩りです。みなさんのなかには、「いや、ウソだ。夜の街はピンクや赤や青……、さまざまに彩られ美しいじゃないか。魅力的じゃないか……」という人もいるでしょう。

そんな人は、ぜひ土曜日や日曜日の早朝、みなさんが美しいと思ったその繁華街に行ってみてください。みなさんが美しいと思った輝きは、薄汚いベニヤ板にペンキで描かれ、その上にネオンや電飾を飾った汚い飾り、みなさんが魅力的と思った街のいたるところには嘔吐のあと、そしてゴミの山。そのすえた通りを太ったどぶネズミが這《は》い回っています。

また、私の住む夜の街で交わされる言葉は、人を食い物にしようとする悪意とウソにまみれたものです。たしかに夜の街の住人は優しいです。甘く優しい言葉で誘ってきます。それは、みなさん方が金になるからです。若い女の子は、薬物漬けにして買春させ金儲けができます。若い男の子は、薬物の売人や「パシリ」に使うことができます。

私は、そのころから「夜回り」をはじめました。週のうち何度かは、夜一一時過ぎに、いやらしいピンクビラや立て看板をかたづけ、そして夜の街にたむろする子どもたちの側《そば》に立ちます。「早く帰れ。次に回ったときにいたら補導だよ」。そして、彼らと話し合います。薬物の売人がいれば、その正面に立ちつくします。彼らが去るまで。売春をしている女性がいれば、「よしな」と声をかけます。

夜の街の子どもたちは、どんなに虚勢を張っていようと、ふっと哀しい目をします。彼らもほんとうは昼の街で、親に、教員に、みんなに認められて生きたいのです。でも、昼の世界は彼らを認めない。彼らを痛めつけ、夜の街へと追いやる。私は一三年間の「夜回り」で知りました。彼らこそ、最も愛に飢えた子どもたちでした。最も私を必要とした生徒たちでした。

私はこの一三年間、横浜や東京だけでなく、北は旭川、札幌、帯広から、南は博多、別府、鹿児島、那覇まで、数え切れない夜を、夜の街で過ごしました。そして、数千人の夜の街に沈む子どもたちと出会ってきました。その一人ひとりに哀しみを見てきました。

自分の二二年に及ぶ教員生活を振り返って、私にはただひとつだけ、胸を張れることがあります。それは、ただの一度も生徒を叱ったり怒ったり、殴ったりしたことがないということです。私は、生徒を叱ることのできない教員でした。

私は、子どもたちは花の種だと考えています。どんな花の種も、植えた人間がきちんと育てれば、かならず時期がくれば美しい花を咲かせます。これは、子どもたちも同じです。親が、教員が、地域の大人たちが、マスコミまで含めた社会全部が、子どもたちを慈しみ愛して、ていねいに育てれば、かならず時期がくれば花を咲かせるのです。

もし、花を咲かせることなく、しぼんだり枯れたりする子どもたちがいたなら、それは大人によってそうされてしまった被害者です。

私は、夜の街で、このような子どもたちとの出会いを求めて生きてきました。救うためなどと大きなことは言えません。少なくとも、彼らの側にいたかったから……。

思えばこの一三年間、夜の世界の子どもたちから多くの幸せと喜びをもらいつづけてきました。斜《はす》に構え世の中をすねて笑顔を忘れ生きている子どもたちが、私に多くの笑顔をくれました。そして、私の元を去り、昼の世界へと旅立ちました。それが私にとってはなによりの幸せでした。

diary
3

自ら腐っていく子はいない

私も、最初から夜の世界で生きていたわけではありません。私は、今から一三年前までは、昼の世界で昼の世界の子どもたちに囲まれながら、幸せな教員生活をしていました。

私の人生を変えたのは、一四年前の一二月末、大学時代の友人からの一本の電話でした。彼は私と同業の高校教員で、初任から東京の夜間高校の教員をしていました。当時私は、横浜の全日制高校で、社会科の教員として、また吹奏楽部の顧問として、明るい多くの生徒たちに囲まれて、充実した教員生活を送っていました。彼の沈んだ暗い声に、私はすぐ会いました。給料日のあとということもあり、彼を元気づけたくて、少し贅沢《ぜいたく》をし寿司屋で待ち合わせをしました。

カウンターで刺身をつまみながら、彼はおもむろにこう言いました。「水谷、寿司だって魚を選ぶよな。腐った魚じゃうまい寿司はつくれない。教育だって同じだよな。

おまえはすばらしい生徒に恵まれ、いい教育ができる。でも、自分は……。腐った生徒じゃいい教育なんかできない」。

私は、彼のその一言にキレました。「おい、魚に腐った腐らないはあっても、子どもに腐った腐らないはないよ。あったとしても《腐らされた子》だ。そんな子どもたちを救うのが教育じゃないか」。

私にとっては、《学ぶことのできない子＝学ぶことの楽しさを知らない子》、《ただ社会にたてつく子＝社会に虐《しいた》げられ戦うしかない子》でした。

この世に生まれたくて生まれてくる子どもはいません。よし、生まれようと自分で思って生まれてくる子どもはいないのです。子どもたちはこの世に、ただ暴力的に投げ出されるように生まれさせられます。親も環境も選ぶことはできません。それと同じように、好きこのんで自ら腐っていく子どももいないのです。

私は、友人であるからこそ、大学時代に熱く教育を語り合った仲間であったからこそ、彼の言葉が許せませんでした。

彼は、私にこう言いました。「きれいごとを言うな。夜間高校を知らないおまえに何がわかる」。最後は私の捨てぜりふでした。「おまえは教員を辞めろ。俺が夜間高校に行く。いいな」。私は、彼の人生を変えてしまいました。彼は、勤めていた夜間高校を翌年三月で辞め、塾の講師となりました。そして私は、彼との約束どおり横浜の夜間高校の教員となりました。

あとで聞いた話です。その日彼はトイレでタバコを吸っている生徒たちに注意したところ、逆に彼らに囲まれ、胸ぐらを捕まれ脅されたのだそうです。そればかりか、そこを偶然通りかかった彼の学校の教頭は、なんと、目を背け知らんぷりをして歩き去ったのだそうです。それがあの彼の発言の原因でした。今の私なら彼にもっと優しい対応ができたはずです。若かった、若すぎた喧嘩でした。

残念ながら彼とはその後、一度も会っていませんし連絡をとってもいません。でも、彼からの連絡を待っています。そのときは、「ごめん……」と謝ります。

私は、教員生活を二二年間続けてきましたが、ただひとつ、教員仲間に言いたいことがあります。それは、いい教員とは、子どもたちから学ぶ教員だということです。勤めた学校でかかわる子どもたちの求めに応じて自分をつくっていく。そして、子どもたちにひとつでも多くの笑顔をつくっていく。それがほんとうの教員のあり方だと思っています。

diary 4 許せない大人たち

私は、一三年間の深夜の繁華街での「夜回り」をとおして、数千人の若者たちとふれあってきました。そのなかで気づいたことがあります。それは、街角でたむろして嬌声をあげている若者たちも、ゲームセンターでゲームにふけっている若者たちも、ただ夜の街角に座り込む若者たちも、夜の街の若者たちはみな寂《さび》しさを抱えているということです。また、自信がないということです。ぜひ、彼らの目を見てみてください。輝きを失い、虚《うつ》ろに街を眺めています。

彼らのほとんどは、こう言います。「どうせ、俺なんか……。家でも学校でも、俺たちを認めてくれない。邪魔者あつかい……。でも、夜の街は違う。俺たちを受け入れてくれる」。哀しい言葉です。家庭でも学校でも、昼の世界では、つねに叱られ、あるいは相手にされないでいる若者たちが、救いを求めて夜の世界に流れ込んできています。また、その日その時の刹那《せつな》の楽しさを求めて夜の世界に入ってきています。

彼らに共通しているのは、自己肯定感のなさです。しかし、考えてみてください。私たち大人だって、毎日毎日「おまえは、こんなこともできないのか」、「おまえは、だらしない」、「おまえなんか、必要ない」と否定されつづければ、酒や夜の街に逃げるしかなくなるのではないでしょうか。自己肯定感、つまり自信は、認められること、褒《ほ》められること、大切にされることで、自然にできていくものです。家庭で、学校で、どれだけ多くの親や教員が子どもたちをきちんと抱きしめ、認め、評価し、ともに生きているのでしょうか。

私は、夜の街の若者たちは、昼の街から追い出された被害者だと考えています。彼らは言います。「夜の街は優しい」と……。それは当然です。夜の街の大人たちにとって、彼らは、甘い言葉とちょっとしたお金で自由にできる「カモ」ですから。そして、多くの若者たちが、だまされ、夜の闇の世界に沈み込まされています。この不況のなか、お金を無造作に使い、また稼ぎ出す若者たちは、夜の世界の住人たちからみれば、最高の金づるです。

昼の世界の大人たちは、さらに彼らを追い込んでいます。ただ、昼の世界から追い出すだけでなく、夜の世界で見かけては、眉をひそめ、目をそむける。それどころか、恐れます。だれも夜の街で彼らの側《そば》に立ち、昼の世界に呼び戻そうとはしません。若者を恐れる社会に明日はあるのでしょうか。彼らは、大人たちに対抗するため仲間をつくり、そしてさらに非行・犯罪へと沈んでいきます。それでも、一時の救いを大人に求める若者もいます。一部の少女たちは、自らのからだを中年の男たちに与えることで、一時の救いと優しさを求めています。

私は、この一三年間の夜回りで、四〇〇人近くの《買春された》少女たちと、メール相談では数千人の同様の少女たちとかかわってきました。多くの大人たちは、彼女たちがお金が欲しくて買春されたと思っているようです。でも、私のかかわった少女たちは、一様にこう言います。「優しかったから……。抱きしめてもらえたし、愛してもらえた。大切にしてもらえたから……」。しかし、実際は心をさらにボロボロにされ、一部の少女は、性感染症や妊娠中絶に苦しむことになっています。

私は、少女たちのからだを買う大人たちが許せません。それと同様に、少女たちを夜の街に追い込んだ親や教員が許せません。でも、いちばん許せないのは、このような少女について報道するテレビ番組を見て、これらの少女たちを冷たく批判する大人たちです。また、口では「この子たちが心配だ」、「日本の子どもたちはどうなってしまうんだ」と語りながら、子どもたちのために何もしていない大人たちです。

diary
5

まじめすぎる受験生の罪と償《つぐな》い

もう一〇年も前の一二月のことです。私は、東京渋谷での「夜回り」を終え、高速代がもったいなくて、国道一号線を使って家に帰る途中でした。

私は、みっともないことですが、用を足そうと川崎の多摩川べりに車を止めました。川岸まで土手を降りていくと、土手に野球帽を深くかぶった一人の少年がぽつんと座っていました。時間は午前三時過ぎです。私は、ためらうことなく声をかけました。最初はぎょっとして固まっていた彼も、私が夜間高校の教員であることを知ると、少しずつ口を開いてくれました。

驚きました。彼は昨晩、連続六店舗のレンタルビデオ店に押し入り、包丁を手に店員を脅し、数十万円を強盗したというのです。彼は、だれが見てもまじめそうな青年。強盗をしたような子にはとても見えませんでした。

私は彼の傍《かたわ》らに座り、彼の話を聞きました。彼は、都内でも有数の受験校に通う高校三年生でした。両親の期待を一心に受け、めざせ東大。まじめにエリートコースを歩んできたそうです。

ところが、夏休みごろからスランプに。いくら勉強しても偏差値は上がらず、それどころか下がっていく。数日前に、もうどうしようもないと思いつめ、家を出たそうです。でも、持っていたお金も底をつきはじめ、それなら強盗をと包丁を買い、次から次へ下町のレンタルビデオ店を襲ったのだそうです。

「先生、なにがなんだかわからないうちに、してしまったんだ」。彼は泣きながら私に訴えました。「どうするの？」と私が聞くと、私にしがみつきながら「先生、どうしたらいいの？」と聞いてきました。

私は、何も答えませんでした。ただ、彼の横に黙って哀しい顔で座っていました。

私は、子どもとの日々のかかわりであまり言葉を使いません。言葉がなくても、じっと側《そば》にいれば、子どもに想いは伝わります。そして、その想いを子どもたちはきちんと受けとめてくれます。子どもたちへの言葉には、多くの場合反発が返ってきます。

しかし、想いには、子どもたちも想いをきちんと返してくれます。

朝方、彼は警察に自首することを決めました。そして、私とともに警察署へ。取り調べ室に入っていくときの彼の言葉は、「先生、また出会えるね」でした。私は、「待ってるよ」と声をかけました

彼は、孤独な子でした。そして、まじめすぎる子でした。彼に、だれか相談にのることのできる大人が、仲間が一人でもいたなら、防ぐことのできた犯罪でした。

彼は罪を償い、今は福祉関係の仕事をしています。その姿は、まだ哀しいものです。自分の人生を、身体の不自由な人たちへ捧げることで、まだ罪を償おうとしています。

diary 6

夜、ブランコを漕《こ》ぐ少女

哀しい思い出があります。一二年前のある冬の夜、公園で一人ブランコを漕いでいる少女と知り合いました。ごくふつうの服装をした、ごくふつうの中学二年生の少女でした。なぜ、こんな子が夜の街に……。私は、いやがる少女を説得して車に乗せ、少女のアパートまで送っていきました。

でも、少女はアパートの前で車から降りません。車のドアを開けようとする私の手を必死で押さえ、「部屋の電気がつくまで待って……」と少女は言うのです。なにがなんだかわからないまま、少女の哀しそうな想いを受けとめ車で待ちました。

部屋の電気がついても、少女は動きません。私は、少女がしくしく泣きながら手を震わせているようすで何も話すこともできず、いっしょに車に乗っていました。すると、一人の男がアパートの部屋から出てきました。そして、私の車の横を通り過ぎ歩き去りました。

その男の姿が遠ざかると同時に、少女は大きく泣きはじめました。私は、すべてがわかりました。

ボロボロの木造のアパート、少女は、母親の愛人が家にいるあいだは外で待っているしかなかったのです。

そのまま私は、少女を連れて近くのファミリーレストランに行きました。少女に何かおいしいものでも食べさせてあげたい。それくらいしか思いつくことがなかったのです。

黙って二人でスパゲティを食べました。私がぽそっと「先生もブランコが大好きなんだ」と言うと、少女は目を輝かせました。「ブランコ、いいよね。明日に連れてってくれる気がする……。でも戻っちゃうけど……。だからいっぱい漕《こ》ぐんだ」と答えてくれました。

哀しみのなかで少女の想いが私の心に染みこみました。私は、三歳から一一歳まで、家庭の事情で山形の母の実家に預けられていました。そのころの唯一の友だちが、村の広場にあったブランコでした。大きく漕いでいれば、母の待つ横浜まで飛んでいけるのではと、毎夜、だれもいない広場でブランコを漕いでいました。

彼女は、そのあと私の大切な子どもの一人に……。今は、横浜のデパートで店員として働いています。もうすぐ結婚を控えて、輝いています。

夜の街には、救いを求める多くの子どもたちが、寂《さび》しさにあふれた目で、大人たちを待っています。でも、ほとんどの場合、近づいてくるのは、彼らをさらに傷つけ闇へと追いやる大人たちです。だからこそ、私は一三年間、夜の街を歩いてきました。

diary 7 ただただ涙の結婚式

私は、夜の世界に入ってからかかわった子どもたちの結婚式に出席したことが、一回しかありません。ほとんどの場合、断ります。

私がかかわる子どもたちは、その人生でいちばんつらい時期に、そしていちばん闇に沈み心もからだも汚されているときに、私と出会っています。そして、私とともに生き、新しい人生を求め巣立っていきます。すべての子が昼の世界に戻り、明るい明日を手にするわけではありませんが、それでもこの一三年間、多くの子どもたちが私の元を巣立ち、昼の世界へと旅立っていきました。そして、そのなかの数十人が、この一三年のあいだに、生涯の伴侶を見つけ結婚していきました。私は、そのたびに結婚式に招待されました。しかし、ただ一度をのぞいて、すべての結婚式の招待を断りつづけてきました。新しい門出を迎えた二人にお祝いは贈りましたが……。

これには理由があります。私は、教員は子どもたちの人生の階段の一段であるべきだと考えています。明日へと一歩踏みしめる階段の一段……。私たちを踏み越えて、子どもたちは明日へと巣立っていく。そして、巣立っていった子どもたちには、過去など振り返らず、目の前に広がる明日だけをみつめて生きてほしいと思っています。私が人生の新たな出発の場である結婚式に出ることで、乗り越えた過去を思い出させたくないという想いからでした。

しかし、先日ついにかかわった子どもの結婚式に出ることになりました。結婚式といっても、仲間たちが地元のスナックを借り切って開いた小さな結婚式でしたが。私は、新婦の親代わりとして出席しました。彼女は、中学時代から父親に性的な暴行を受けていました。高校時代に私が介入して保護。しかし、その後も身近な男たちや覚せい剤に救いを求め、そのたびにボロボロになり、この一一年、私とかかわりながら生きてきた子でした。「先生、私の父親になって……」。この一言で結婚式を引き受けました。彼女の父親を刑務所に送ったのは私でしたから……。

結婚式は、最高でした。幸せを満面の笑顔に託した二人、素敵でした。でも、水谷はみっともなかったです。最後に、彼女からの花束贈呈、彼女と二人でただただ泣いていました。まわりの人たちももらい泣き、なんだか一人で結婚式を涙でうめてしまいました。反省しています。もう二度と、結婚式には出ません。

diary
8

「なぜって、夜の街には人がいるから」

今日も夜回り。今は午前四時、やっと家に戻りました。今日もたくさんの子どもたちとの出会いがありました。

今日は、夜一一時から夜回りをはじめたのですが、最初に出会ったのは、制服姿の高校一年生の女の子たち。ナンパされるのを待っている子たちでした。終電がなくなるから帰りなさいという私の声に、「いやだ、いやだ」とけっこう抵抗しました。私が「ご両親が心配してるよ」と言うと、「まさかー、どうせ私なんか相手にされてないし」と答えました。「じゃあ試してみよう、ほら電話番号は」という私の一言には、「うざい」です。

私は、一時間ほど話し込みました。そして、「今夜はどこまでもついてくぞ」と言うと、「帰ればいいんでしょ、帰るよ」と、やっと腰をあげました。最後には、「私たち、高校も辞めさせられそうなんだ。そしたら先生の高校に入れてくれる?」でした。

次に会ったのは、高校を今年一年ももたず中退した五人組でした。彼らの一人が中学校のとき、私の講演を聞いていたのですぐうち解けました。私が「なぜこんな夜の街に、こんな時間に来るんだ」と聞くと、「人がいるから……」と答えてくれました。何か寂《さび》しさが胸にしみる一言でした。

別れ際には、「先生、気をつけろよ。夜の街は危ないよ」。私は苦笑しました。

私が、夜の街の子どもたちと話しているあいだ、多くの大人たちが傍《かたわ》らを通り過ぎました。しかし、ただの一人も声をかけてくれません。むしろ私たちを避けるように歩き去りました。私は、哀しくなりました。

子どもたちは、私たち大人から何かを学ぶことなく成長することはできません。言葉で傷つけられた子どもは、言葉からは学びません。でも、彼らも救いを求めています。彼らは、だれか大人が側《そば》に立ち、ともに考え、苦しみ、悩んでくれることを求めています。でも、昼の大人たちは、彼らを言葉で夜の世界に追い込み、そして、無視します。彼らはどうすればいいのでしょうか。

今夜は、一人の大人として、人間として悩んだ夜でした。でも、私にはできることがあります。それは、夜、街に出て、彼らの側に立つこと。声をかけ、彼らの話を聞き、彼らの明日のために何かできることがないかと動くことです。

diary
9

法で縛《しば》る前に

このところ気になることがあります。それは、新聞などでも報道されていますが、国やとくに一部の地方自治体が、夜の街に出る少年たちを、法による規制で減らそうとしていることです。夜、街を徘徊し補導された少年たちの保護者に対し、監督義務を果たしていないということでなんらかの罰則を制定することに、私は反対はしません。しかし、法や罰で夜の街の子どもたちを脅し押さえ込む前に、やらなくてはならないことがあるのではないでしょうか。

私は、あえて聞きます。夜の街の子どもたちは、みな不良でどうしようもない子たちで、ただ遊ぶことが楽しくて夜の街に出ているのでしょうか。

私は、先日夜回りをしました。その日は首都圏でもこの冬はじめて氷点下の気温となった日でした。そんな夜に、寒さに震えながら駅の周辺にたむろしている子どもたちを、ファミリーレストランに連れていき、温かい飲み物を飲みながら話しました。

そして、わかったことがあります。彼らだって温かい愛にあふれた家にいたいのです。昼の暖かい世界できちんと評価され充実した青春を送りたいのです。でも彼らは、昼の世界では、邪魔者にされ、家庭もけっして温かいものではなく、夜の世界へと追いやられているのです。

そんな彼らを、昼の世界のあり方を変えることもせずに、またそこに横たわる問題に目を向けることもなく、ただ法や罰で規制することは許されるのでしょうか。夜の街角からも追い払われた彼らは、どこで何をして傷を癒せばいいのでしょうか。

また、もうひとつの問題もあります。現在、私の住む横浜市は、市長の先導のもと、夜一一時を過ぎて補導された子どもたちを保護しにこない保護者に対して罰金を科す方向で検討されています（結局、この横浜市の青少年健全育成条例の改正については、市長および市当局は断念しました）。もし、彼らが虐待を受けていた子どもだったとしたらどうなるのでしょう。

むしろ、専門職が、補導した子どもたちからその原因や背景をきちんと聞き取り、福祉事務所や児童相談所、警察や家庭裁判所、学校、その他の機関が連携しながらその背景にある問題の解決に当たり、その子どもが昼の世界で笑顔で生きることができるようにすることこそ、今、求められているのではないでしょうか。

diary 10
リストカットを繰り返す子どもたち

私は一三年間、夜の世界でさまよう子どもたちと生きてきました。バイクでの窃盗でおばあちゃんを殺してしまった少年、関東一都六県で三〇〇〇万円もの窃盗を繰り返した少年、彼氏を奪われた腹いせに相手の女性にシンナーをかけ、からだに一生消えないやけどを負わせた少女など、さまざまな非行や犯罪にかかわった子どもたちとともに生きてきました。

しかし、二年前からまったく新しい子どもたちとかかわることになりました。ちょうど二年前、私は一人の一七歳の少女からメールをもらいました。「先生の専門外だと思うけど、リストカットがやめられない、助けて」というメールでした。

私は、すぐに彼女と会いました。彼女の腕は分厚い包帯で包まれていました。彼女は笑顔でうれしそうに私に挨拶してくれましたが、私は、その笑顔の向こうになんともいえない寂しさを感じました。

彼女は、小学校時代のいじめから学校に通えなくなり、中学校も数日しか通えず、高校にも進学できず、家にひきこもっていました。そんななか、彼女はリストカットを繰り返していました。彼女の両腕にはカミソリで切り裂かれた深い傷跡が、手首から肩口まで無数に走っていました。

私は、「つらかったね」とその傷跡のある手首をいとおしく握りしめることしかできませんでした。彼女も泣いていました。私も……。


リストカットを目にしたほとんどの親や教員は、かならずといっていいほど「なにをばかなことをしてるの」、あるいは「やめなさい」と言います。しかし、これは子どもを死に追い込むほどのひどい言葉だと私は思います。

リストカットは、ほとんどのケースで、子どもたちの心の叫びです。子どもたちは、リストカットをすることでそれまでに受けた心の傷から死へと向かう誘惑をなんとか断ち切り生きています。パンパンに行き詰まった心の苦しみを、リストカットすることでようやくしのいでいるのです。このリストカットを無造作にとめてしまうことは、その行為でかろうじて心のバランスをとっている子どもを死に追い込むことになりかねません。
私はこの少女との出会いから、じつは私が側《そば》にいなくてはいけない子どもたちは、夜の街でさまよう子どもたちだけではなく、夜、家で眠ることができず、死を意識したりカミソリを前に明日を生きていくためにリストカットを繰り返す子どもたちもだということに思いいたりました。

「夜眠れない子どもたち」、私は、こう呼んでいます。

diary 11

言葉ではなくて……

今、人と人のあいだが言葉で満ちています。人はつねに言葉で人と接し、言葉で人を理解し、言葉で自らの人生を語ろうとします。なにか人間関係は言葉の往復になってしまっています。でも、言葉は私たちの思っていることや考えていることをきちんと伝えることや表すことができるのでしょうか。なにか言葉にすると言い足りない、言葉で表しきれないまどろっこしさを感じることも多いと思います。たとえば、愛しあう二人が求めているのは「愛してる」という言葉ではなく、お互いの優しさ、思いやり、いたわりあいを通して愛を感じあうことのはずです。

このごろ、親子関係や親しい人間どうしのあいだで、言葉が暴力となってしまっているケースを多くみます。たとえば、リストカットをしている娘に気づいたある母親は「なんでそんなことをするの」という言葉を投げかけました。これは、非常に酷な言葉です。リストカットをしている本人にもその理由なんてわからないのです。またある親は「やめなさい」という言葉をきつく発しました。でも本人にとっては、やめたくてもやめられないから苦しいのです。

私たちは、二二年間の教員生活で子どもたちとともに生きることを通して、言葉の無力さを学びました。心と心のふれあいには言葉はいらないことを学びました。ただ側《そば》にいてただみつめ、哀しみがあふれたときはただ抱きしめればいいのです。言葉を捨てたとき、ほんとうの想いは自然に外に出てきます。子どもたちはこの想いを待っています。

私は、電話やメールで数多くの相談を受けます。「リストカットしてる。助けて」、「死にたい、助けて」、「シンナーがやめられない」、「覚せい剤をやめたい」……。私はこれらの相談に、電話なら一回に長くて五分、メールは長くて三行でしか返事を出しません。それは、彼らを言葉で救うことなどできないことを知っているからです。それどころか多くの言葉を発することは、彼らを追い込むことになりかねません。

私は、彼らと継続的にかかわりつづけます。ただ、側にいつづけるだけですが……。でも、そのようななかで多くの子どもたちが自ら学び育っていきます。子どもたちが待っているのは、言葉ではなく、側にいつづけ見守ってくれる、一人の個人としての大人なのです。

diary
12

深夜、子どもたちは苦しんでいる

私は、二〇〇四年二月一〇日に『夜回り先生』という本を出版しました。この本は、私の子どもたちへのメッセージとして書いたものです。「いいんだよ、過去のことは……。まずは、すべてを受け入れ明日に向かっていっしょに生きていこう」という想いを込めました。そして、一人でも多くの悩んでいる子どもたちとかかわれるように、メールアドレスを本に載せました。その結果、届いたのは、四月までの約二ヶ月で一万一〇〇〇通、のべ六〇〇〇人からの相談メールでした（二〇月現在、四万通を超えています）。

たしかに、私の専門である薬物や非行についての相談もありましたが、そのほとんどがリストカットやOD（処方薬等の過剰摂取）、自殺願望、不登校・ひきこもり、いじめで苦しむ子どもたちからでした。小学校四年生から二〇代の人まで、その九割は女の子からのものでした。

これらの子どもたちに共通しているのは、親や教師から責められつづけ、まだリストカットやOD、ひきこもりを続ける自分自身を責めつづけていることでした。ほとんどのメールには「こんな私でも、いていいんですか？」という問いがついていました。そしてかならずといっていいほど、最後は「こんな私でも、生きていていいんですか？」という重い問いで終わっていました。また、これらのメールはそのほとんどが夜中の一時から三時の時間帯に集中して書き込まれたものでした。

私は、苦しんでいる子どもたちの多さに愕然《がくぜん》とするとともに、自分が大切なことを見落としていたことに気づきました。私はこれまで「夜回り」を通して、昼の世界すなわち家庭や学校からドロップアウトさせられ、夜の街で非行に入ったり薬物の魔の手や悪い大人の餌食にされた子どもたちとかかわり、その更生のために生きてきました。私にとっては、彼らこそが昼の世界から夜の世界に沈まされた現在の社会の犠牲者で、守らなくてはいけない存在だと思っていました。私は、もっと多くの子どもたちが夜の闇のなかで苦しんでいることを見逃していました。

今、私たちの社会は「攻撃型の社会」になっている気がします。「何やってるんだ」、「そんなことをしていてどうする」など、日々人間関係のなかで人を傷つける言葉が飛び交っています。上司が部下を叱り攻撃する。その部下は家庭で妻を、その妻は子どもを叱り攻撃する。それでは子どもはどうするのでしょうか。自分より弱いものをいじめるのでしょうか。年下の子どもをビルの屋上から突き落とすのでしょうか。同級生を殺すのでしょうか。今、この大人たちのイライラがすべて子どもたちのところに凝縮されています。そんななかで、少しは元気を残した子どもたちは、夜の街に出て、非行、犯罪を繰り広げ、あるいは夜の街の大人たちの餌食にされています。

しかし、それらの子どもたちよりはるかに多数の、優しい心の素直な子どもたちは、「私が悪い子だから親に叱られた」、「私がだめな子だから先生に叱られた」と自分自身を責め、そして、夜の暗い部屋でカミソリや多量の薬を前にして、死を考えています。

しかし、ほとんどの大人たちはこのことに気づいていません。哀しいですが、このままでは大変なことになります。気づいてください。ぜひ、子どものいる方は、深夜、子どもたちの部屋をのぞいてみてください。もしいなければ、夜の街に沈もうとしています。速やかに、まずは私に相談してください。もし、一晩中寝ずに部屋に閉じこもっていたり、メールやインターネットをやっているようなら、側《そば》にいつづけてあげてください。言葉はいりません。ただ心配そうに、いつづけてあげてください。

子どもが病んでいるか病んでいないかは、簡単に見きわめることができます。それは、夜眠っているか、眠れずにいるか、それを見ればいいんです。

diary 13

リストカットは「生きたい」という叫び

今、私の元には、一日に二〇〇〜三〇〇通の相談メールが届いています。電話はほぼ一日中鳴りつづけています。その多くが、リストカットやOD、自殺願望にかんするものです。そのうちの一通について今回は書いてみます。小学校六年生の少女からのものでした。

「水谷先生、先生の本読みました。うちのお父さんとお母さんは仲が悪いです。いつもけんかしてます。お母さんは、いつも私にお父さんの悪口を言います。悲しいです。でもちゃんと聞かないとなぐられます。おまえがいるから別れられないと言います。リストカットしてます。私は死んだほうがみんなのためですよね」という内容でした。

私はすぐにこの少女にメールを返信しました。「水谷です。メールありがとう。水谷がついてます。すぐに連絡してください。電話、メール待ってます」。

少女からすぐに電話がありました。彼女は泣きじゃくりながら「死にたい。今もカミソリで腕を切って死にたい気持ちと闘っている。でももうだめ、つらい」と繰り返し訴えてきました。

リストカットは心の生きたいという叫びです。よく学校の教師や親たちで、子どものリストカットに気づき、「やめなさい」とカミソリを取り上げ叱る人たちがいます。いや、ほとんどの人がそうするでしょう。でもこれは、その子どもを死へと追い込んでいくことにつながります。子どもたちは、腕を切ることで死への衝動を抑え込み、なんとか生きようとしているのです。

問題は、リストカットという行為ではなく、その原因なのです。その原因の解決なしに、この結果としてのリストカットをむりやり止めたとしても、症状はさらに悪化するだけです。この少女の場合は、親からの日々続く虐待でした。解決法は、リスカを止めることではなく、この親からの虐待から少女を救うことでした。

私は、すぐに少女の小学校の校長と養護教諭に連絡をとり、少女にも直接相談に行かせました。優れた校長先生でした。涙を流しながら、彼女を抱きしめてくれたそうです。そして、児童相談所や関係機関と連携して、今、少女を守ってくれています。

この少女のように、悩みを抱え苦しんでいる子どもたちがたくさんいます。みなさんのまわりにもかならずいます。彼女たちは、その苦しみを表に出しません。抱え込み抱え込み、パンパンになった心に浮かぶ死への欲求から逃れるためにリストカットを繰り返しています。

「そんなに苦しいなら、なぜ相談してくれないんだ」と思う人も多いと思います。でも、子どもたちは弱いです。優しい子ほど弱いです。もし裏切られたらと考えると相談できないのです。ぜひ、日々まわりの子どもたちに、心を、腕を広げてあげてください。優しい大人はここにもいるんだよと……。お願いです。

diary 14

校長の前での集団リストカット

今日は大変なことが起こりました。東北地方のある中学校の校長から私の学校に一本の怒りの電話がありました。この電話は「水谷先生、あなたは私になんの恨《うら》みがあるのですか……」で始まりました。そして、最後は「私の生徒を殺す気ですか……」で終わりました。

じつは私は一週間ほど前に、東北のある中学校の中学二年生の少女から相談のメールをもらいました。リストカットがやめられない、助けてというメールでした。この少女はバスケットボール部に所属していましたが、その顧問が厳しく、試合で負ければ罵声《ばせい》、練習でもただ叱られてばかりだったそうです。そのようななか、「自分はだめな人間だ、部活のみんなに迷惑をかけてばかりで、生きていてもしかたがない」と、リストカットを中学一年の秋からはじめてしまいました。

部活の仲良しの二人がそのことに気づき、相談に乗ってくれたのだけれど、そのうちに、一人また一人とリストカットをするようになってしまった。とくにそのうちの一人は家庭での親からの厳しい扱いもあり「死にたい」と深くリストカットしている、助けてほしいという内容でした。

私はすぐに、「リストカットはいっぱいいっぱいの心の叫びだから、むりに止めなくてもいいし隠さなくてもいい。まずは電話で話そう」というメールを返信しました。そして、電話で、リストカットをすることが問題なのではなく、そうしなければいられない状況が問題であることと、心の叫びはきちんと人に知ってもらう必要があること、そのためにも、リストカットをするなら部活の顧問の先生か校長先生の前でしてごらんと勧めました。

その一週間後に電話がありました。リストカットは、彼女たちだけでなく同じ部活の二〇人近くの少女たちがしていたそうです。その全員で明日、校長先生の前でリストカットするという電話でした。私は「胸を張って行っておいで」と伝えました。そして、校長先生からの電話となりました。校長は、必死で訴えそしてリストカットをしようとする彼女たちに「何をばかなことをするんだ。気でも狂ったのか」と言ったそうです。泣きながら、少女たちは私に話してくれました。

もしこの校長先生に、彼女たちの思いを受けとめ、「つらかったね」と抱きとめ、ともに考えるだけの心があったら……。哀しかったです。

今、私は少女たちの親たちやその地方の専門家たちの力を借りながら、少女たちの明日を少女たちとともに考えています。今のところ、リストカットは全員止まっています。私は、何度かこの校長に電話をしましたが、いつも留守でした……。

diary 15

一日一回、優しい言葉をかけてください

今、私の元には、一日に一〇〇本以上の「死にたい」あるいは「生きてることに疲れた」という小学生や中高校生からの深刻なメールが届いています。それらの子どもたちに共通することは、優しさです。どの子とメール交換をしても、電話で話しても、優しさが響いてきます。彼らは、家庭や学校で、親や教師からの、大人からしてみればなにげない一言や扱いに傷つき、それは自分が悪いからだと自分を責め、死を考えています。

今、この私の日記を読んでいるみなさんはどうでしょうか。今日一日を、昨日一日を振り返ってみてください。まわりにいる子どもたちに一言でも優しい言葉をかけてあげたでしょうか。

私は現職の教員でしたから、月曜日から金曜日まで学校に勤務し、多くの子どもた

ちゃ教員と接します。でも、哀しいことの多い日々です。「おまえ、なにやってるんだ」、「こんなこともできないのか」、「そんなことでどうする」、「がんばれ」……。優しい子ほどその心に刺さってしまうであろうこころない言葉が、日々飛び交っています。でも、そんなに生徒たちはひどいのでしょうか。私はそうは思いません。

子どもたちから話を聞けば、家庭でも同様のようです。「急ぎなさい」、「ほらそんなことじゃだめでしょ」、「早くしなさい」……。やはり子どもたちを追い込んでいます。でも、子どもたちはそんなに悪い子でしょうか。私はそうは思いません。

もし、その子どもたちが限界状況だったら、これらの言葉は、子どもたちの心にどう響くのでしょうか。多くの優しい子どもたちが、これらの言葉に追い込まれ、自らのからだを傷つけ、そして自らを責め、死を意識しています。そして、大人たちに対する不信感を増大させ、すべての大人たちから離れ孤立していきます。

その一方で孤立した子どもたち同士がインターネットやメールを通して知り合い、さらに死へと近づいていきます。インターネットのチャットや掲示板、メールでのコミュニケーションは非常に危険です。直接のふれあいがないため、また言葉や文字だけでのコミュニケーションであり相手の顔や背景が見えないために、ウソがまかり通り、心が先鋭化していきます。憎悪は憎悪を生み、死は言葉にしたり文字にすることでより身近なものになっていきます。

また、面と向き合うことのない言葉だけ、文字だけのコミュニケーションにはまった子どもたちは、ほんとうの意味での他人との直接のふれあいをさらに避けていきます。そして、さらに孤立化し、自分の殻に閉じこもり、死へと近づいていきます。

ぜひ、みなさんにお願いがあります。一日一回でいいです。まわりにいる子どもたちの側《そば》に立ち、優しくみつめ、優しい言葉をかけてあげてほしいです。「どうしたの」、「いい子だね」、「早く帰ろう」……、なんでもいいんです。それらの一言一言が子どもたちの心に染みこみ、彼らを死から遠ざけ、明日への希望をつくっていきます。

今、子どもたちは、私たち大人たちからの優しい言葉を待っています。

diary 16

夜の街のほんとうの姿を伝えてください

このところ、夜も暖かい日が続いています。子どもたちも学校に慣れ、そろそろ夜の街に出はじめるころです。昨日は久しぶりに横浜の中心部、伊勢佐木町や関内周辺を夜一一時から夜回りしました。まだあどけない中学生の面影を残した少年少女が、公園や街角にたくさんたむろしていました。

タバコを吸っている子どもたちからはタバコを取り上げ、掃除をさせ、ただしタバコの代金は水谷が払いますが、家に帰るように話しました。また、モテルの入り口を年の離れた中年の男と制服のままくぐろうとした少女を保護しました。当然、中年の男にはきつい言葉をかけました。

でも、驚いたことがあります。夜の街の少年少女たちは、まったく夜の街や夜の大人たちを怖がっていません。「このすぐ側《そば》には暴力団の事務所があって危ないよ」、「この近くでキャッチをしている男の人は、風俗の関係者なんだよ」、「ほらあそこの外国人は、薬物の売人だよ」……。私がいろいろ夜の街の危険性を話しても、「大丈夫」、「おもしろそうじゃん。怖くなんかないよ」の一言です。また一部の子は「夜の街の人のほうが優しいもん」です。

何度も頭を抱えました。なかには、モテルでいっしょに入った暴力団風の男に覚せい剤を打たれそうになったという危険だった経験を誇らしげに語る少女もいました。たしかに夜の街の大人たちは、その世界に入ってくる子どもたちに対して異常なほど優しいです。でもそれは、その少年少女が「カモ」だからです。少女たちは、薬物につけ込んで管理売春をさせることで金づるになります。少年は、売人や子分にできます。私は、この一三年間で多くの被害者となった子どもたちとかかわってきました。人を信じることを語るべき教員である私が、昨夜は「夜の街の大人たちは信じてはだめ」と人間不信につながる教育をしていました。哀しかったです。

これを読んでおられる方々へのお願いです。ぜひ夜の街のほんとうの姿を子どもたちに伝えてあげてください。夜の街がいかに夜輝いて見えても、昼の太陽の下ではくたびれ果てた醜い街であることを。夜の街の大人たちの言葉がいかに心に優しく響こうと、それは偽りであることを。

夜の街についてだけは、子どもたちに経験からではなく、きちんと語ることでその怖さと事実を理解させたいものです。

ところで、数年前から女子高生や女子中学生のあいだで、特異な制服姿が流行しています。あのだぼたぼの靴下にごく短くしたスカート、そして襟元にはリボン。眉毛は限りなく細く、目にはマスカラと縁取り、髪は茶髪……。私は、人は外見で判断するものだとは思っていませんし、子どもたちがどんな格好や化粧をしようが、とめたことも注意したこともありません。

ただ、これだけは言えます。あの格好は、夜の街では非常に危険な格好です。夜の世界の人間は、外見で人を見ます。もし、子どもが夜の危険な街をどうしても歩く羽目になったならば、目はまっすぐ前方を見、両手をきちんと振りながらきちんと足を上げて行進してその通りを抜けることです。ぜったいに夜の世界の人間は声をかけてきません。そんなまじめな子を誘い、警察に通報されたらたまりませんから……。しかし、その夜の街に派手な崩れた格好で入っていけば、確実に狙われます。

子どもたちに教えてあげてください。夜の世界でかわいがられるということは、軽いどうしようもない人間だと見切られたのだということを……。

diary 17

教師を告訴させる

このところ、心が凍るほど哀しくつらい相談が続いています。ここまで私たちの社会は落ちてしまったのかと思いたいほどの重い相談です。

先週ですが、日本海に面したある県の県庁所在地に住む一九歳の女子大学生から、私のもとにある相談メールが届きました。「先生、もう死にたい。でも、先生にだけは事実を言って死にたい」というメールでした。そして、このメールには電話番号が書いてありました。

私は、すぐ彼女に電話をしました。最初、彼女は電話口で泣くだけでした。やっと話ができるまでに一〇分以上かかりました。

私は彼女の話に愕然《がくぜん》としました。中学校のときの担任に高校一年の夏休みにたまたま繁華街で出会い、彼の家に連れて行かれ乱暴され写真を撮影され、その写真をネタに脅されて、今まで関係を強要されつづけてきたというのです。そして、彼女が大学で好きな人ができ、別れたいと言うと、彼女の写真をインターネット上にばらまくと脅され、もう死ぬしかないと考え、せめて水谷にその事実を伝えてから死にたいと考えたというのです。

私は彼女に、逃げないように何度も伝えました。「水谷がついてるよ」と。そして、その教員の学校名と名前を教えてくれるように頼みました。でも彼女は、自分も悪いからと教えてくれません。彼女は何も悪くないのに、自分を責めつづけていました。私は彼女に、今までのことをすべて夜回り先生といわれている水谷に話したとすぐメールするように言いました。そして、彼女はメールしてくれました。

すぐにその教員から彼女の元に謝罪の電話がきました。ともかくお金も払う、二度と連絡もしないから、水谷にウソだったと伝えてくれという内容だったそうです。彼女は、「これでもう自分は大丈夫、先生ありがとう」と言いました。私はすぐに「これで終わらせたらだめだよ、かならず心に大きな傷を残し、いずれ苦しむよ。とにかく最後まで戦おう」と伝えました。

性被害にかぎらず、心に傷を残す可能性のある問題は、きちんと整理しておかないと、後々もっと苦しむことになります。

今私は、その教員の名前も学校も知っています。彼女が警察に届けを出すのも時間の問題です。水谷は子どもを苦しめる大人を許しません。子どもたちを苦しめ汚すことは、私たちの社会の明日を汚し潰していくことですから。子どもたちは、私たちの明日の夢なのです。

翌月、この教員は逮捕されました。母親に事実を伝えたとき、母親は黙って彼女を抱きしめてくれたそうです。「つらかったろう……」と。そして、私の指示で警察に訴えました。警察も女性の専門の刑事を担当にしてくれて、心のケアにまで気配りをしてくれました。感謝です。

昨日、久しぶりに彼女から電話がありました。夏休みにアルバイトで貯めたお金で両親を温泉に招待したそうです。そして、お風呂でお母さんの背中を流してあげたそうです。「なんだか小さくなってた気がして、抱きついていた」そうです。彼女の明日が始まっています。

diary 18

「着信メール」被害者の相談に学ぶ

このところ、とても気になることがあります。今回は「夜回り」とは関係ありませんが、緊急にそのことを話題として取り上げてみます。

じつはメール相談が殺到しはじめた二月から徐々に増えつづけている相談があります。それは、アダルト系の携帯電話のサイトや携帯電話からメールや電話が来て、それに何気なく出てしまったところ、「そちらの住所氏名はもうわかっている。いつまでにいくらを支払うように……」と連絡が来、悩んでいるという中高生からの相談です。

男女はほぼ同数、すでに二〇〇本を超えています。身に覚えのあるケースがほとんどですが、なかにはまったく身に覚えのないケースもいくつかあります。

この一週間だけでも、中学生の女の子から二六歳の男性まで合計二一本のこの問題についての相談がありました。中学三年生の女の子は三万円を請求され、「指定した期日までに払わないと親や学校に連絡する。払えないなら体で払え」と脅され死を意識して必死のメールを送ってきました。また、二六歳の男性は、身に覚えがあったことから、半年で五〇万円を支払い、さらに八〇万円を請求され、悩み抜いたすえの相談でした。

私は、すべてのケースに対して、携帯電話を解約し相手の反応を見るように話しました。ほとんどのケースはそれで終わりました。ただ、二六歳の男性のケースだけ、先方から法的に訴えるという連絡が書面できました。私はすぐに知り合いの弁護士に電話をして指導を仰ぎました。そして、「電子契約」というシステムについて、恥ずかしいのですが、はじめて知りました。書面による確認や押印なしに携帯電話やコンピューターのワンクリックで成立する契約があるということを知りました。

また、その弁護士から、簡単に尻ぬぐいしてはいけないと怒られました。自分自身で弁護士や警察に相談し、身に覚えがあってもなくても、その事実をきちんと弁護士や警察の担当者に伝え解決してもらうようにすべきだという指摘でした。当事者自身が動いて解決することで、再度このような問題に直面したときでも対応できるようになる、そのように教育することが教員としての水谷がやらなくてはならないことだという指摘でした。反省させられました。

子どもは、失敗から多くを学ぶことができます。当然そばに大人がいて、ある程度は守ってあげることが必要ですが……。しかし、今の家庭の子育ては、尻ぬぐいをしすぎている気がします。失敗から学ぶことができず、また直接向き合うこともなく大人になった子どもは、弱いです。

今、私たちは、そんな子を大量生産している気がします。

1000円
300円
300円

diary 19
博多での夜回りで

私は、先週の土曜日、福岡県の博多にいました。北九州市での薬物乱用防止市民大会の講演後、久しぶりに博多に宿をとりました。そしていつもどおり、夜九時ごろから夜回りをしました。じつは福岡県は、青少年の薬物乱用問題に日本で最も熱心に取り組んでいる県です。福岡県内の市町村もさまざまな薬物乱用防止のための取り組みをしています。ただ、この背景にあるのは、それだけ薬物とくにシンナーや覚せい剤を乱用する青少年が多いということですが……。

この日は、夜九時に博多一の繁華街「天神」から夜回りを始めました。夜九時はまだ補導の対象時間ではありませんから、子どもたちに深夜のたまり場がどこかとか、薬物の出回り状況などを聞きながら、早く家に帰るよう話しました。天神の子どもたちの多くは、ショッピング帰りの集団か、ストリートミュージックを楽しむ子どもたちでした。

そして、夜一〇時半過ぎからは、この日のほんとうの目的地「親不孝通り」から「長浜公園」周辺の夜回りに入りました。「親不孝通り」は飲食店と風俗店が並ぶ、博多では「中州周辺」と並ぶ繁華街です。

「親不孝通り」には、大学生を中心として多くの若者たちがいました。幼さの目立つ若者たちに、未成年かどうかを確認しながら家に戻るように話しかけました。

「長浜公園」では、異様な集団に出会いました。赤いジャージの上下を着た一〇代の子どもたちの集団です。十数人いました。「カラーギャング」と呼ばれる集団でした。関東では目立ちすぎることからかえって警察のチェックが厳しくなるためほとんど消滅している集団です。彼らは同じ色の服を着て街にたむろすることで、集団を誇示し周囲を威圧します。バイクのない暴走族とでもいえばいいのでしょうか。

しかし、かわいい「ギャング」たちでした。ほとんどが中高生と無職少年。私の問いにも素直に答えてくれました。ただ、私が家に帰るようにと言っても動きませんでした。午前二時過ぎまで、彼らはうつろに何をするでもなくたむろしていました。

彼らからわずか二〇メートルのところには、長浜交番……。交番のなかでは、二人の警察官がぼんやりお茶を飲んでいました。哀しかったです。彼らを避けて逃げるように歩き去る大人たち、哀しかったです。

diary 20

一言も答えない担任

今日は、哀しい電話がかかってきました。今年高校に入学したばかりの一人の少年からでした。私は一年前、彼が通学していた中学校に講演で行きました。その講演後、私のいる校長室まで彼は訪ねてきてくれました。だぼだぼのズボンを腰ではき、眉毛は細く剃り、髪は金髪……。完全なツッパリスタイルでした。

「先生、講演感動したよ。俺でもやり直しきくかな」、真剣な顔で聞いてきました。「大丈夫だよ。いっしょに考えよう」。これが彼とのつきあいの始まりでした。

彼はその後、生き方を変えました。つるんでいた仲間たちから離れるときは、二時間にわたりボコボコにされました。「警察に届けよう」という私に、「先生、しょうがないよ。自分のしたことの始末は自分でつけないと……。警察には言わないで」と言い切りました。そして、県立高校に見事に合格しました。合格発表の日には、家に電話する前に私に電話をしてくれました。電話ではただ「やったよ、やったよ……」を繰り返していました。彼の喜びが心に響きました。

彼は、見事に変わりました。髪の毛だけはまだ茶髪でしたが、四月から、きちんとした制服で高校に通いました。しかし、担任に恵まれませんでした。彼は、管理されることと上からものを言われることが嫌いでした。彼の担任は、力と脅しでクラスを運営したい教員でした。「こうしろ、ああしろ、何やってる、処分するぞ……」。担任の一言一言に、彼はことごとく反発したそうです。それでも彼なりに、一線は越さず「いいかげんにしてくれよ、うるさいよ……」と言葉でのみ反発していたそうです。

しかし、先日彼は、淡い恋心をいだいていた女生徒が、髪を染めたことをとがめられ、厳しくクラスで責められ泣き出した瞬間にキレてしまい、担任を殴ってしまったそうです。そして、自主退学に追い込まれました。その報告の電話でした。哀しい電話でした。

私は、すぐに彼の担任に電話しました。そして、言いました。「私たち教員は、生徒を追い込んではだめなんだ。いいか、あなたの顔の傷は一、二週間で治る。でも、彼は一年の月日を失った。彼は一生懸命やり直そうとしていた。なぜ、彼がキレるところまで追い込んだのか……」と。

その教員は、一言も答えてくれませんでした。

diary 21
「先生、俺はてめえを殺す！」

私は、一三年前から「夜回り」を続けてきました。しかし、今から七年前までは、本を書こうとか、子どもたちや大人たちの前で講演しようとか、あるいはテレビやラジオに出演しようとか、まったく考えていませんでした。そんな時間があったら、少しでも夜の世界の子どもたちとふれあいたいと考えていました。そんな私が、七年前から社会や大人たちの前に講演やマスコミ等を通じて姿を出しはじめたのには理由があります。

今からちょうど一〇年前です。私の当時かかわっていた高校一年の男子生徒がバイクでひったくりをし、相手の老婦人を引きずり死に追い込んでしまいました。彼は、その後私とともに自首し、三年間を少年刑務所で過ごしました。

少年刑務所から戻った彼は、私の紹介で、青果市場の中卸をやっている会社で、運転助手として働くことになりました。彼の希望でした。仕事は午前二時から、市場で仕入れた野菜をトラックに積み込み、地元のスーパーに配送する仕事でした。夜働いていれば、また夜遊びしたりかつての仲間とつるむこともないという彼の想いでした。彼は給料のなかから最低限の生活費を残し、それ以外を彼が死に追い込んだ老婦人の夫に送金していました。彼の償《つぐな》いでした。

彼が勤めはじめて三ヶ月後の深夜一二時ごろ、私が家で書き物をしていると、彼から電話が入りました。電話からは、ものすごい彼の怒りの声が響いてきました。

「先生、俺はてめえを殺す。今から行く。待ってな……」。

私は、「おう、待ってるよ。気をつけてくるんだぞ」と答えていました。

一時間半後、彼はバイクで現れました。タオルにくるんだ包丁を持って……。そして家の前にバイクを止めるなり、出迎えた私に包丁を突きつけました。「殺す……」。

私はまず彼を家に入れました。彼は、部屋に入るなり私に怒鳴りました。

「てめえは、きたねえ。俺たちみたいな罪を犯したガキだって、ちゃんと罪を償えば、もう一度幸せ求められるっててめえは言った。俺は、それを信じて必死で働いた。でもな、三日前会社で財布が盗まれた。みんなは、俺を犯人にした。前持ちだからって……。てめえ、俺たちをいい子にするなら、世の中もいい世の中にしろ」。

私は、彼の言うことがよくわかりました。彼の言うとおりでした。私がいくら夜の街に沈んだ子どもたちを更生させ昼の世界に送っても、昼の世界が彼らを優しく受け入れてくれなかったら、彼らは私のせいでさらに不幸になってしまう。

私は彼に約束しました。かならず世の中におまえたちの哀しみを伝えると……。そして、おまえや後輩たちを受け入れてくれる人を一人でも多くつくると……。私がマスコミに出はじめたのは、この直後からです。

diary 22 悲劇は防げなかったか……

哀しい事件が起きました。私は今年二月、私の本を読んで救いを求めてきた北海道の小学六年生の少年と知り合いました。彼から連絡がきた次の週に、私は彼の住む町の隣町で講演があり、そのときに彼と彼のお母さんと会うことになりました。

彼は、室蘭でお母さんと二人、生活保護を受けて生活していました。小学校の低学年から学校でいじめにあい、ほとんど学校には通学していませんでした。彼の母親は、彼が生まれたころからアルコール依存、ＯＤ（処方薬等の過剰摂取）、リストカット、自殺未遂を繰り返していました。彼からの相談メールにはこう書いてありました。「夜回り先生、助けて。お母さんが僕を殺して自分も死のうとしてる……」。私は、すぐ彼とお母さんに連絡をとり、会うことになりました。

二人は吹雪のなか、私が講演する高校まで来てくれました。彼は、ほんとうに純真な幼い小学生でした。校長室でその高校の校長先生を交え、四人で話し合いました。

私は、お母さんに保健所と児童相談所の力を借りることを勧めました。まずはお母さんの薬物依存症と心の病を専門病院に入院することで治療することを勧めました。そして彼には、その間つらいだろうけど、施設に入所してお母さんを待つことを勧めました。校長先生もその手伝いをしてくれることを約束してくれました。

しかし、お母さんは動きませんでした。少年からは週に一度は深夜に電話がありました。「先生、またお母さんお酒飲んで死ぬって言ってる」。こんな電話のたびに母親と話し合いました。

彼には、私が保健所と児童相談所に連絡すると何度も言いましたが、「前に比べると、お酒を飲む回数も減ってる。もうちょっと待って」と繰り返しました。

そして、事件が起きました。お母さんがお酒と処方薬を多量に飲みアパートに立てこもったのです。しかも、部屋に灯油をまいてです。私は、少年を説得し救急車と警察を呼ばせました。警察官が説得そして突入し、お母さんを保護しました。お母さんはそのまま精神病院に措置入院、彼は施設に入りました。いつになったらこの二人はいっしょに暮らすことができるのか、幸せになれるのか、私には見えません。

私は今、自分を責めています。ほかに方法がなかったのかと。みなさん、ぜひ、まわりを見渡してください。助けを求めている子がいたら、手を貸してあげてください。

diary 23

もっと早く出会っていれば

昨晩は、このところ集中的に「夜回り」している横浜の伊勢佐木町を、夜一一時から回りました。手持ちぶさたに立っている黒服（飲食店や風俗店の客引き）たち、片言の日本語で客を誘うアジア系の女性たち、うつろにベンチに腰かけ、あるいは横たわり、朝の来るのを待つ路上生活者の人たち、そのあいだを歩きつづけました。

私の「夜回り」には二つの目的があります。ひとつは、夜の街をさまよう子どもたちと出会うこと、もうひとつは、私が歩くことで、薬物の売人や売春を迫る大人たちが子どもたちに近づかないようにすることです。昨日は、この後者にかんして効果的だったようです。黒服や街頭の女性たちから罵声《ばせい》を浴びせられ、「先生、いいかげんにしろよ。俺たちも食ってかなきゃならないんだ」と懇願までされました。今、昼の世界と同様に夜の世界も不況です。夜の世界で生きる人たちも、生き残りに必死です。

そんななか、深夜一二時近くに二人の女子中学生を保護しました。もう顔なじみの二人でした。この四月から何度も私に深夜の伊勢佐木町で保護された中学三年生でした。彼女たちは二人とも母子家庭、二人の母親たちはともに関内周辺の飲食店で深夜遅くまで働いていました。二人は、母親のいない夜を寂しく過ごすことに耐えられず、小学校高学年のころから夜の街で遊びはじめました。「薬物被害」、「買春」、「暴行」……、夜の世界でさまざまな被害に遭いながら生き抜いてきた二人でした。

五月に深夜保護したときは、朝まで待ち、親たちとも、このままではいけないことを話しました。でも親たちは変わっていませんでした。変われなかったのかもしれません。

昨晩は、警察に保護してもらおうと伊勢佐木町の通りを鬼ごっこでした。そして、捕まえて警察に行くことを伝えると涙です。まいりました。結局、親に引き渡して戻りました。

しかし今朝、私は所轄の児童相談所に通報しました。数日中には児童相談所が動き、彼女たちの身柄は施設に保護されるでしょう。きっと私を恨むことでしょう。私も、これが最良の解決とは思っていません。しかし、私にはそれしかできませんでした。

私は思います。彼女たちのこれまでの人生で、家庭まで踏み込み彼女たちを救う大人がなぜいなかったのかと……。もっと早く彼女たちと出会いたかった……。

diary 24
子どもを怖がる大人たち

今日は、冬に放映する予定の私のドキュメンタリー番組の撮影でした。私が夜の世界に入ることになった理由についての撮影でした。久しぶりに一三年前の初めての夜回りコースを歩きました。

中華街から山下公園、そして横浜スタジアム……。歩き回りました。久しぶりのコースでした。しかし驚きました。子どもたちがいないのです。中高生は一人もいませんでした。一三年前から八年前まで、夜回りをするたびに数十人以上の中高生と出会った山下公園や横浜スタジアムから、子どもたちの姿が消えていました。ガム、吸い殻、空き缶、子どもたちが残す三点セットの痕跡もまったくありませんでした。

帰りに横浜駅や関内駅周辺を回りました。多くの子どもたちがうつろな目でたむろしていました。その横を多くの大人たちが、ごく自然に通り過ぎていました。制服でタバコを吸っている女子高生たちの横をです。哀しくなりました。ていねいに一人ひとりの子どもたちに声をかけ、話し合いました。

私が「夜回り」をはじめた一三年前には、子どもたちに大人たちへの多少の畏怖《いふ》や遠慮がありました。だから、子どもたちは人のあまり来ない夜の公園や街の裏通りにたむろしていました。でも、今は違います。子どもたちは堂々と、夜の街で、駅前で、大人たちに対峙《たいじ》しています。それにもかかわらず、多くの、いやほとんどの大人たちは彼らに無関心であり、一部の大人たちは彼らを恐れてさえいます。

街角の子どもたちの話を聞いて、さらに哀しくなりました。この日の少女たちはほとんどが高校一年生。この四月から夜の街にデビューしました。これまで三ヶ月、週末はほとんど朝まで夜の街やカラオケボックスで過ごしてきました。しかし、大人たちから注意されたり心配されたことは一度もないというのです。

「先生、声をかけてくるのは、からだねらいかドラッグの売人、それに、風俗のスカウト……」、「覚せい剤？　今、高いよ。でもバッテン（MDMAという錠剤型の合成麻薬の通称）ならいくらでもあるよ」、「売り……、ときどきね」。彼女たちから次々と飛び出してくる言葉に、心が重くなりました。

この日は彼女たちを説得して家に帰しました。名刺を渡して……。しかし、次に夜の街で見かけたときは、補導するつもりです。

diary 25 明日をいっしょにつくっていこう

七月一日、私はあるテレビ番組に出ました。その放送直後、横浜の二一歳の女性からメールが届きました。「先生、テレビ見ました。助けてください。死にたいです……」。私はすぐに私の電話番号をメールし、電話を待ちました。すぐに電話が鳴りました。彼女は横浜の中心部の風俗店で働いている女性でした。私は、泣きじゃくる彼女と電話で話すことをやめ、翌日会うことにしました。

翌日、私は彼女との待ち合わせの場所に、待ち合わせの時間より三〇分早く行きました。心配でした。でも、彼女はすでにいました。そして、「水谷先生、○○です」と声をかけてくれました。か細い幼い顔立ちの子でした。すぐに側《そば》の喫茶店で話しました。

彼女の話を聞いて私は哀しくなりました。彼女の両親は、彼女が小学校低学年のときに離婚、そして彼女は再婚した父親のもとで育ちました。しかし、義理の母親からの日々の虐待……。ご飯も食べさせてもらえず、傷跡が残らないように靴下にパチンコ玉を詰めた折檻《せっかん》用の道具で体中を毎日殴られていたそうです。父親に言っても我慢しなさいと言われ、小学校五年のときに自分から警察に相談し、児童自立支援施設に保護されたそうです。

しかし、そこでも虐待を受け、一七歳のときにやっとほんとうの母親のもとに引き取られて戻りました。しかし、病弱な母親はその直後に入院、母親の入院費用を手に入れるために年齢を偽って風俗の世界に入ったそうです。そして四年間、風俗で働きながら母親との生活を維持してきました。

ところが、母親の知人が彼女の働く風俗店に来て、そして彼女がそのような場所で働いていることを母親に伝えてしまったそうです。それを聞いた母親が彼女に言った言葉は、「そんな汚いお金で世話になるなら、死んだほうがよかった……」。その言葉で死を選ぼうとした彼女が最後の救いを求めてきたのが、私でした。

私はすぐに動きました。来週には彼女は私の家に来ます。そして、明日をいっしょに探しはじめます。「先生の家においで」と私が言ったとき、彼女が私にくれた笑顔は最高のものでした。私は、彼女の明日をいっしょにつくっていきます。

しかし、思います。彼女のこれまでの人生に、だれか一人でも継続的にかかわってくれる人がいたらと。彼女は今までだれからも救われなかった。彼女のような境遇の女性はどのぐらいいるのでしょう。

diary 26

子どもたちをむしばむ「自分病」

七月初めに私がテレビで紹介された直後から、二週間足らずで数千通の相談メールが届いています。そのテレビのなかで、リストカットと闘う少女やOD（処方薬乱用）と闘う少女たちを扱ったせいか、相談のほとんどがこの問題についてです。

私は現在、精神科医や心理の専門家などさまざまな仲間たちの力を借りて、これらの相談に応じています。彼らと先日、これらの相談メールを分析してみました。これらの相談のなかでも、自殺願望にまでいたっているケースに共通しているのは、以下のことでした。

①過去において、なんらかの心の傷を負わされている。
②何度かはまわりに救いを求めたが裏切られ、人間不信に陥っている。
③親も疲れ果て、子どもに対して攻撃的になってしまっている。
④過去にとらわれ、その苦しみのなかで、救いとして死をイメージしている。

⑤それでも水谷なら救ってくれるのでは、と期待している。

私は、それらの一つひとつのメールにていねいに返事を出しつづけています。その内容は、以下のようなものです。

「過去は、すでに変えることはできません。過去は過去なんです。今をその過去にとらわれても明日は来ません。闘うか、受け入れるかです。闘うのだったら手伝います。受け入れるのなら、今を明日のために使うことです。まずは、まわりのだれかにそっと優しさを配ってみませんか。その人の笑顔が心を癒やしてくれます。また、自分について考えることをやめませんか。答えの出ることはすでに答えが出ています。答えが出ないから悩むんです。自分にこだわり苦しむより、人のために生きてみませんか。楽ですよ。水谷はそうして生きています」。

多くの子どもたちが、これで気づいてくれました。自分が過去にとらわれるあまり、自分のことしか考えられなくなっていることに……。そして、少しずつまわりとの関係を再構築しはじめています。

私は、このように過去にとらわれ自分のことしか考えることができなくなっている状態を、「自分病」と呼んでいます。現在、心を病んでいる子どもたちの多くが、じつはこの「自分病」ではないか、これが仲間たちと感じていることです。

diary 27

ここまできた中高生のドラッグ汚染

埼玉県で、現役の高校生を含む多くの若者が、大麻の栽培や密売、使用で逮捕されました。あまりの数の多さに驚かれた人たちも多かったと思います。しかし教育現場では、まだまだ反応が鈍いようです。

じつは私は薬物問題の専門家の一人ですし、多くのこの問題にかんする本を書いていますから、薬物問題についてもたくさんの相談があります。本人からの場合もありますし、恋人や家族からの相談もあります。また、私の「夜回り」の目的は、ひとつには夜さまよう子どもたちを守り家に帰すことですが、同時に若者から薬物や非行の現状について情報を集めることも、重要な目的のひとつです。久しぶりに若者たちの薬物問題の現在を書いてみます。

今、覚せい剤の密売量が減ってきています。これは密輸量が減っているためですが、密売価格も非常に上がっていて、昨年に比べて三倍程度になっています。その一方で、大麻（マリファナ）とMDMA（錠剤型の合成麻薬、エクスタシーと呼ばれる）が若者のあいだに広まってきています。大麻は、一グラム（タバコ一本分）で二〇〇〇円程度、MDMAは一錠二〇〇〇円～八〇〇〇円程度で売買されています。

この現象は、東京周辺に限られた問題ではありません。札幌、函館、仙台、三島、静岡、浜松、名古屋、大阪、広島、高知、福岡、宮崎など、多くの地方都市の高校生やその家族から相談が続いています。シンナーや覚せい剤を乱用する若者のケースと異なり、ちょっとした遊びのひとつとして、ファッション感覚で乱用しているケースが目立ちます。しかも、乱用する若者はとくに裕福な家庭で受験校に通う、日常はとくになんの問題もないケースがほとんどです。しかも単独で乱用するケースはまずなく、グループで集団で使用しています。今回の埼玉の事件はその氷山の一角です。

日本は現在、「第三次覚せい剤乱用期」のまっただなかにいます。小中高校や地域でさかんに薬物予防についての教育や活動が展開されています。しかし、今回の事件や現状をみても、その成果は上がっていません。その原因は、多くの教員や関係者がこの問題の深刻さをまったく理解していないことにあると私は考えます。

薬物は、乱用した人の心とからだに一生消えない障害を残します。多くの人が現状の危険性を理解してくれるといいのですが……。

diary 28

教育現場は、薬物乱用への反応が鈍い

みなさんのなかには覚えておられる方もいらっしゃるかもしれません。

一九九六年四月二八日の新聞各紙の社会面は、「神奈川県藤沢市の高校生が、覚せい剤・大麻の乱用で検挙される。学内でも乱用。友人にも密売」というショッキングな内容で埋まりました。一人の高校生が、コンビニエンスストアで万引きし警察に捕まり、その彼のポケットから、マリファナが発見されたのです。彼の口から、次々と恐ろしい高校生たちのドラッグ汚染の実態が明らかになりました。

私はこの事件のとき、その渦中にいました。この事件では、数十人の高校生が覚せい剤や大麻の乱用で検挙されました。学内での乱用、学内での密売、修学旅行中の乱用、カラオケパーティでの集団乱用と、衝撃的な事実が次々と明らかになりました。

この事件に対しては、当時の知事が駅で高校生たちに薬物の危険性を伝えるビラを配ったり、さまざまな取り組みがなされました。しかし、教育現場の反応は鈍く、しょせん一部の学校の、日常的に問題を持つ子どもたちだけの問題と、ほとんどなんの取り組みもなされませんでした。

私がさまざまな機会に、教員たちに「今回の覚せい剤乱用期の特徴は、中高生を中心とする一〇代の子どもたちに集中的に薬物が流されていること、若者のあいだでは、彼らが集団で行動するため、薬物乱用は感染症のように広がる。この問題に学校教育がきちんと取り組み、生徒たちに薬物のほんとうの知識と誘いを断るためのきちんとしたスキルを教えていかないと、次から次と被害者が増えていく」と力説しても反応は鈍く、ほとんどの教員が「それは自分たちの仕事ではない。取締機関が日本への薬物の密輸・日本国内での密売をきちんと厳しく取り締まり、日本を薬物のないクリーンな社会にすればいいんだ」と考えていました。

しかし、それはほとんど不可能です。日本は島国、四方を海に囲まれています。日本は薬物の大きな消費地として、今やアジアだけでなく世界各国の薬物密売組織から多くの薬物が持ち込まれています。

あのときに、もっと学校が、教育関係者が、この問題を真摯《しんし》にとらえ、きちんとした薬物乱用防止教育を展開できていたら、繰り返すことはなかったのではと哀しい思いです。今からでもきちんと取り組まないと、明日の日本は大変なこととなります。

diary 29

ただ、子どもたちの側《そば》に立ってください

昨夜は、夏休み前最後の金曜日、東京都町田市で「夜回り」をしてきました。多くの若者たちと出会いました。ビルの前の階段、ゲームセンター、駅前の公園とさまざまな場所に多くの若者たちが、うつろにたむろしていました。

一人ひとりの若者に、「高校生じゃないかい。高校生ならタバコは没収。まずは家に帰ろう」、「まずは女の子だけでも帰ろう」と声をかけて歩きました。子どもたちは素直でした。もう私のことがテレビなどで知られているせいもあるのでしょう。「夜回り先生だ。はーい、今帰ります」と素直に従ってくれました。とても楽しい夜回りでした。

このところ、多くのマスコミの方や多くの大人たちから、私の夜回りに同行させてほしい、見せてほしいという連絡があります。しかし私は、この依頼があるたびに哀しくなります。「夜回り」は見せ物ではありません。ただ、私が夜の街の子どもたち

のことが心配でやっているひとつの私の想いです。

私は、この「夜回り」を始めて今年で一三年目になります。この一三年間、いつもうしろを振り返っていました。だれかいないかと。

でも……。今、多くの大人たちは、子どもたちの言葉でいえば「口だけ」です。「子どもたちのことが心配……」、「行政は、学校は何をしているのか……」、「こんなことをする子どもの親は何をしているのか……」、多くの子どもたちについての言葉が、マスコミをはじめ、さまざまな場所で飛び交っています。私は聞きたいです。「それではあなたは今、子どもたちのために何をしているのか」と……。

子どもたちが求めているのは、言葉ではありません。ほんとうに側《そば》でいっしょに悩みながら生きてくれる大人です。

この私の日記を読んでくれている人たちにお願いです。ぜひ、身近にいる子どもたちの側に、そっと立ってあげてください。言葉はいりません。ただ立ってあげてください。そして、優しい目でみつめてあげてください。君のことを心配している大人が一人ここにいるんだよと……。それだけで、子どもたちは変わります。

私がこの一三年間繰り返してきた「夜回り」は、まさにこれです。こんな簡単なことで、じつは多くの子どもたちが生き返っていきます。ぜひ、お願いいたします。

diary 30

今、私の横で少女が震えています

今、この日記を書いている私の側《そば》には、一六歳の一人の少女がいます。一四歳から夜の街に沈み、夜の街で暴力団員や多くの中高年の大人たちに傷つけられつづけた少女です。それでも、一時の救いを夜の街に求めつづけボロボロにされ、最後は覚せい剤を打ち込まれ、その幻覚から救いを私に求めてきました。

私とのメール、電話での数え切れないやりとり、警察への自首、そして遠い九州の薬物依存症治療の専門病院での三ヶ月の闘病生活を経て、私のもとに戻ってきました。よくがんばってきました。しかし今、拒食、幻覚、幻聴、手足の震え、ありとあらゆる覚せい剤の離脱症状が彼女を苦しめています。今も私の横で震えています。それでも、必死にこの日記をみつめています。一字一句を……。

私が今、彼女のことを書いているのには、理由があります。彼女の願いだからです。「私のことを書いて……。私の今のつらさを知って、覚せい剤から逃げる子が一人でも出たらうれしいな。夜の街に近づかない子が増えたらうれしいな」。

そんな彼女も今、この原稿を打っている横でちょっと涙ぐんでいます。

私は、憎い。この少女を追い込んだすべての大人たちが……。私は許しません。私は、明日から動きます。私の仲間の警察官や麻薬取締官、すべてを動かして、彼女を傷つけたすべての大人たちを追いつめていきます。

今、大人たちは、買春される少女たちを非難し蔑《さげす》みます。しかしその何倍の、何十倍の大人が、彼女たちをお金で買ったのでしょうか。ほんとうに悪いのはどちらなのでしょうか。大人たちは、覚せい剤やいろいろな薬物を乱用した若者たちを、眉をひそめて見ます。しかし、今の社会が若者たちにとって明日を夢見、笑顔で生きられる社会だったなら、はたして彼らのすべてが薬物に逃げたでしょうか。大人たちは、リストカットを繰り返す子どもたちを責めます。でも、だれが彼らをそこまで追い込んだのでしょうか。

私は、彼女を助けます。私の薬物にかんしてのすべての仲間たちの力と、私自身のすべての知識、ありとあらゆる手段を講じて助けます。彼女をここまで追い込んだ大人の一人として……。

少女の笑顔、とても楽しみです。

diary 31 薬物のほんとうの怖さを知ってください

今年二月に『夜回り先生』を出版して以来の相談メールが、ついに三万通を超えました。やはり、リストカットや自殺願望、ODを繰り返している子どもたちからの助けを求めるメールが大半ですが、夏休みを迎えて街に外出し夜の街で遊ぶ機会が増えているせいか、薬物についての相談も増えてきています。

「水谷先生、私、今中三だけど、夜街で遊んでいたら、かっこいい人にナンパされてホテルに行った。ホテルで彼、茶色い粉を出してガラスのパイプで吸いはじめた。私も吸わされた。先生、あれ、何かな。私、どうなっちゃうかな」、「先生、私、高校一学期で辞めたけど、仲間たちとシンナーやってる。やめられない。助けて……」、「先生、チョコっていうタバコ吸ったけど、ふらふらになった。あれ、なんなの……」。

次から次と相談が続いています。すでに三五一件になっています。その内訳は、シンナーが一一二件、覚せい剤が九七件、大麻が五一件、MDMAが三六件、その他が

24
24
インターネット

脱法ドラッグ（法律で禁止されてはいないものの、依存性や精神荒廃など脳に強いダメージを与える危険性の高い化学物質などのこと）やガス吸引です。そして、相談の九割以上が、女子の中高生からのものです。

今、夜の街にはあらゆる薬物が溢れています。外国人の売人たちが、暴力団が、さらには自らが薬物の魔の手につかまってしまった若者たちまでもが、夜の街で獲物を探しています。そして、この夏すでに多くの若者たちが、遊び半分、好奇心半分でその魔の手につかまっています。薬物乱用は、「一に犯罪、二に病気」といわれます。禁止された薬物を使用することは立派な犯罪であり、一回の乱用でも厳しく罰せられます。日本の薬物乱用に対する処罰は、世界的にみても厳しいものです。

また、薬物は依存性というやっかいな性質をもっています。これが、密売する暴力団にとって薬物を非常に儲かる商品としています。「薬物なしではいられない」、薬物依存症は立派な病気で、愛や罰では治すことのできないものです。専門家と専門の病院による治療が必要となります。そして、回復までの道のりは平坦ではありません。

ぜひ、みなさんにお願いがあります。薬物についてきちんと勉強して、薬物のほんとうの姿、危険性、法律での扱いをきちんとまわりの子どもたちに伝えてください。そして子どもたち自身が、薬物の誘いを断ることができるように育ててください。

diary 32

買春される小学生

私は先日、かつての高校の教え子たちと同窓会を行いました。焼き肉をつまみながら、子どもたちの近況に一喜一憂し、楽しい時を過ごしていました。そんななか、一人の教え子の女性から、おそろしい話が飛び出しました。

彼女は現在、神奈川県のある私鉄の駅の駅前にあるモテルで受付係として働いています。その彼女が私に言ってきました。「先生、もう夜回りだけじゃだめだよ。昼回りもしないと……。先生、うちのモテルに土曜や日曜の昼間、小学生の少女が中年の男と入ってくるんだよ。しかも、そのうちの何人かは決まった子で、かならず土日の昼間はうちのモテルで売りだよ。でも、うちの社長もひどいんだ。私がこれは犯罪だから警察に通報しないとって言ったら、客は客、口は出さないことだって……」。

私は怒りで震えました。しかし、彼女にも生活がかかっています。彼女を責めてもしかたありません。

私は次の日曜日、そのモテルの近くに立ちました。少女たちがモテルに来るという午後三時前にモテルの入口近くで待ちました。私が立って一〇分もしないうちに、一人のどうみても中学一、二年生にしか見えない少女が、私と同世代の男と連れだって近づいてきました。

二人がモテルの門を入ろうとするところで私は駈け寄り、少女の腕をつかみました。「中学生だね。だめだよ」。そして男に言いました。「このまま入れば、児童福祉法違反と青少年健全育成条例違反、それにこの子が一五歳未満ならば暴行罪であなたを警察に訴えますよ」。男はあわてて走り去りました。

べそをかきながら立ちつくす少女を、私は近くの喫茶店に連れていき、話を聞きました。少女は小学六年生でした。私は、いっしょに警察に行くか、親のところに私を連れていくかを選ばせました。私は、彼女が母親と二人で暮らすアパートに行きました。そこで目にしたのは、昼間から酒に酔っている母親の姿でした。私は、親にはその日のことを告げず戻りました。ただ、少女と、二度と繰り返さないことと、週末には私に連絡をして状況を知らせることという二つの約束をしました。

現在、児童相談所が少女の家庭に介入を始めています。あのモテルは警察に通報し、営業停止に追い込みました。

ISDN

diary 33

メール、ケイタイで罠《わな》に落ちる少女

私が本格的に日本中の子どもたちからの相談を受けはじめて半年、すでに相談メールの数は三万件を超え、電話もいまだに鳴りつづけています。そのほとんどが、心を病む、あるいは自分が病んでいると思いこんでいる子どもたちからの相談です。リストカット、ＯＤ、自殺未遂などを繰り返しながら、なんとか生き抜いている子どもたちからの救いを求めるものです。

そんななかで、多くの中学生や高校生の少女たちが、二〇代の女性までもが、携帯のメールや出会い系サイトで出会った男たちに救いを求めています。そして、さらに哀しみのなかに追い込まれ、相談してきています。

人と人とは直接ふれあい、それぞれの生き方をみながら人間関係や友情、愛をつくっていきます。しかし、メールや携帯電話でのコミュニケーションは不十分なものです。不十分どころか、危険なウソすら含まれていることが多いものです。

北海道のある町の少女は、携帯電話で知り合った男と会い、その男に乱暴され写真まで撮られ、覚せい剤を打たれました。そして、その写真を学校や家に送るぞと脅され、友人たちを彼に会わせ、同じ被害に遭わせました。彼は暴力団の組員でした。そして、わずか半年のあいだに、女子高校生たちの「一発屋」と呼ばれる売春組織が暴力団によってつくられました。

覚せい剤による精神症状と友人たちへの贖罪《しょくざい》の意識で苦しんだ彼女は、私に助けを求めました。彼女はその事実を親に伝え、親とともに警察に行き、すべてを警察に話しました。その暴力団は摘発されました。彼女は今、私の関係した病院で治療を受けています。

彼女のしたことを責めたり、メールや携帯電話での出会いに一時の救いを求める子どもたちを責めることは簡単です。でも、なぜ彼女たちは、そのような不確かな、危険な出会いに救いを求めていくのでしょうか。それは、彼女たちのふだんの生活のなかで、彼女たちのいろいろな悩みに耳を傾け、ともに悩み考える大人がいなかったからではないでしょうか。彼女たちの寂しさをきちんと受けとめ、ともに生きる大人がいないからではないでしょうか。

今、人と人との日々の現実世界での関係で傷つけられた子どもたちが、今度はメールや携帯電話の仮想現実の世界に救いを求め、さらに傷つけられています。

お願いです。ぜひ子どもたちに、優しさを惜しまないでください。ここに一人、君のことを心配している大人がいると、伝えてあげてください。子どもたちは待っています。

diary 34

まず大人が幸せにならないと……

私はこの夏、島根・北海道・福島・大阪・埼玉・高知・愛媛・東京・神奈川・長野・石川・福岡・大分・愛知と、一四都道府県で講演を行いました。そして、講演に行った多くの都市や街で「夜回り」を行いました。それとともに、私のもとに相談に訪れた人たちとかかわりました。

そして、気づいたことがあります。それは、私の専門である非行問題や青少年の薬物乱用問題、そしてリストカットやODなどの心の問題を抱える子どもたちがどの地域にも存在するという事実でした。派手な繁華街を抱える都市、かつて繁栄した産業都市、美しい名所や旧跡を抱える観光地、田園地帯の小さな町……、どの地域にも一様に、これらの問題で苦しむ子どもたちが存在しました。

ただし、その子どもたちの数には差がありました。経済状態が悪化し駅前や繁華街がシャッター通りと呼ばれてしまうようなかつての産業都市や、バブル期に日本各地からの観光客でにぎわった観光地・温泉町などで、多くの子どもたちが苦しんでいました。その一方で、経済状態が落ち着いている地域では少なかったです。

子どもたちは、私たち大人の社会の状態を最も鋭く映し込む鏡です。大人たちが充実した日々を過ごし、明日を夢見、笑顔で幸せな毎日を生きているなら、それを日々目にする子どもたちも、大人になることを楽しみにしながら、それに備えて日々を生きていきます。

しかし大人たちが、日々の生活に苦しみ、ただ疲れた顔で子どもたちに向き合い、社会が、家庭が、不平や不満、悲しみや憎しみで満ちたなら、子どもたちは、大人になることを、少しも楽しくない不幸なことと考え、明日を夢見ることをやめ、元気のいい子は、今をただ思いつきのままに楽しく過ごそうとします。また、子どもたちのなかで優しく繊細な子は、その現実に押しつぶされ、大人たちから発せられる不平や不満を抱え込み、リストカットやOD、自殺へと走ってしまいます。

私はこう思います。今、日本の多くの子どもたちが陥っている問題の最も簡単な解決方法は、じつは日本の経済状態が安定し、大人たちが明日を夢見て笑顔で日々を生きることのできる社会を取り戻すことだと……。

経済の安定化は政府や地方自治体の仕事ですが、私たち一人ひとりの大人がすぐできることもあります。それは、子どもたちに笑顔を見せることです。幸せな人しか、人を幸せにはできません。まずは大人が幸せになること、それを子どもたちに見せること。これが、子どもたちを救う最良の手段です。

Single
防犯カメ

neoboy
neoboy
neoboy
neoboy
neboy

diary
35

沖縄のゲーセンで

水谷は、今年は台風に好かれているようです。八月末の帯広でも台風と接近、なんとか東北地方を通過中に横浜に戻りました。しかし、今回の沖縄講演はだめでした。九月四日・五日の二日間の講演でしたが、五日からはすでに沖縄地方は暴風雨圏……。とうとう二日間、沖縄に閉じこめられました。しかし、そのようななかでも多くの出会いがありました。

九月五日は、那覇市にあるパシフィックホテルでの講演会でした。台風のため、来るはずの人の半分近くが会場に来ることができませんでした。しかし、このホテルに宿泊し台風のため缶詰となっていた、滋賀県のある高校の生徒たちの一部が講演に来てくれました。うれしかったです。講演のほうは台風に負けていなかったと思います。

また、前日の四日土曜日には、風速二五メートルの強風と雨のなか、那覇の国際通りを夜回りしました。うつろに街角の軒下で座り込む高校生の少女たち、ゲームセンターで夜を過ごす中高生……。多くの出会いがありました。ゲームセンターでは、店長と喧嘩です。「なぜ中高生を入れるのか。営業停止ですよ」という私の声に「私服だから歳はわかりませんでした」と答え、私が子どもたちに「中学生、手を挙げてごらん」と言って手を挙げさせると気まずい顔……。久しぶりに私も怒りました。なぜ子どもたちを食い物にするのか、なぜ子どもたちを大切にしないのか、と話しました。店長は神妙な顔で聞いていました。彼にも良心はあるのです。

今、多くの大人たちが、大切な子どもたちを食い物にしています。子どもたちを買春する大人、薬物に誘う大人、子どもたちを悪の道に誘う大人、このゲームセンターの店長もです。今、日本の多くの子どもたちが、ある一線を越えて、非行や薬物乱用、リストカットやODに走っています。しかし、このある一線を子どもたちに越えさせてしまったのは、すべて大人です。

子どもたちは、私たち大人の明日への夢、未来への希望です。店長の神妙な顔に、私は大人のなかに残る優しさや良心を見ました。子どもたちを慈《いつく》しみ守る、その心を少しでも多くの大人たちが持ってくれれば……。子どもたちは、ただ大人からの優しさを待っています。

diary 36

少女だけが裁かれてよいのですか

長崎県佐世保市の同級生殺害の少女に対して、児童自立支援施設への二年間の収容・保護という決定がなされました。私個人としては、現在の日本のシステムと施設の現状では、適切な判断というしかないと考えています。

しかし、この決定に対してなされた報道や専門家たちの発言には、かなり怒りを覚えました。どの報道や専門家の発言でも、その内容は少女個人の生育歴や性格、あるいは趣味やインターネットでの掲示板の問題に終始し、少女の家庭や、彼女の通っていた小学校での教育の問題に触れたものが、私の見たなかにはありませんでした。

少女の犯行は、ただ少女の性格やインターネットのホームページ上でのトラブルが原因として問われるだけでよいのでしょうか。家庭のなかでの子育てやしつけに問題はなかったのでしょうか。あるいは、五年以上も教育を行った小学校の指導のあり方、校長の学校運営、担任の直接のかかわりのなかに問題はなかったのでしょうか。もっと大きくみていけば、私たちの社会構造のなかに問題はなかったのでしょうか。
これから専門家たちによってこれらの点についての分析が行われていくと思いますが、まずは、佐世保市教育委員会、小学校の担任たち、校長によるきちんとした事件の分析と反省、少女の両親によるきちんとした少女に対する子育てについての説明がなされるべきだと考えます。とくに、このような事件を起こすことを未然に防ぐことのできなかった佐世保市の教育の責任者、子どもを守ることのできなかった校長や担任、そのほかの教員たちは、この事件に対してきちんとした総括をし自らに対する辞職を含めた処分を科すことをなぜしないのでしょうか。これでは、子どもたちは大人を信じません。ぜひ、きちんとした始末をつけてほしいと考えます。

今、この少女だけがある意味で裁かれました。哀しいことです。でも、大人たちはみな逃げてしまいました。一人の大人の関係者も裁かれることなく問題が終わろうとしています。この少女を、このように育てたのはだれでしょうか。この少女をこのように教育したのはだれでしょうか。この少女に今までかかわったすべての大人たちに問いたいです。あなたに責任はないのですかと……。

diary
37

高校を辞める理由《わけ》

今回は、哀しい報告をしなければなりません。水谷は、この九月三〇日で横浜市の教員を辞めることになりました。すでに辞表も提出しました。私の高校は二学期制ですので、前期終了とともに去ることになります。今は、期末試験前の最後の授業です。一つひとつのクラスで子どもたちに、そのことを伝え謝罪しています。あと六回の授業で、高校での授業も最後です。二二年の教員生活を嚙《か》みしめながら、ていねいに授業をしています。

私が教員を辞めることを決意したことには、いくつかの理由があります。それを書きます。

①体調・病状の悪化で、このままでは授業に長期的に穴を空けてしまう可能性があること。そして、現在勤務する高校では、学校を休むことが他の先生方に多大な迷惑をかけるだけでなく、それ以上に担当する生徒たちに迷惑をかけてしまうこと。

②私は自分の勤める学校の教職員に迷惑をかけたくなく、そのためもあり自宅のメールアドレスや電話番号を公開しているのですが、学校への講演依頼や相談の電話、また直接私の学校に相談に訪れる子どもや親が非常に多く、結局、他の教職員の方々に多大な迷惑をかけてしまっていること。

③私は今から二年半前に、横浜市の新規採用教員の研修会で講演をすることになっていました。しかし、その二日前に急に中止。その事情を当時の教育委員会の幹部に問いただしたところ、「水谷の講演は、百害あって一利なし。新規採用者だけでなく、市民や生徒に対する講演も好ましくない」と指導を受けました。それ以降私は、横浜市内での講演がほとんどできない状況です。自分の住んでいる町の、最も自分が数多く「夜回り」をし、最もかかわっている子どもたちがいる横浜で講演ができないこと、これも理由のひとつです。

「水谷 −《マイナス》 教員 =《イコール》 ……」、私には日々の授業のない自分の姿を今は考える余裕がありません。そのかわり、一〇月からはほぼ全日、日本各地での講演を入れました。一回九〇分の先生をする講演と、一年から数年の期間、同じ子どもたちとかかわり指導できる教員とでは、まったく違います。しかし、かえって数多くの子どもたちとの出会いが増えたと考え、身体のもつかぎり、がんばります。

diary 38
ありがとう、学校

ついに二二年間の教員生活に終止符が打たれました。先週は、最後の教壇に立ちました。残念ながら授業ではなく、試験官としてでしたが。必死に試験に取り組む生徒たちの姿を教卓から眺めながら、二二年間の教員人生を振り返っていました。

私は二二年前、横浜市にある、身体に障害を持つ子どもたちのための養護学校高等部の教員として、教員生活をはじめました。養護学校の教員として採用するという横浜市からの連絡を受けたとき、なぜ僕が養護学校で……、と愕然《がくぜん》としたことを覚えています。社会科の教員として颯爽《さっそう》と授業することを夢見ていた私を待っていたのは、トイレの世話、食事の介助、訓練……。私はふてくされていました。

そんな六月、一人の生徒がお尻を汚し、シャワーできれいにすることになりました。嫌々《いやいや》やっていた私は、水の温度も確認しないまま、冷水をその子にかけていました。「ギャッ」という悲鳴がトイレに響き、その直後、私は先輩の教員から殴り飛ばされていました。「この子になんの罪がある。そんな嫌々仕事をするなら辞めろ」。この一言が私の心をえぐりました。ここにも私を待っている子どもたちがいる。私を信じている子どもたちがいる。私の人生は変わりました。養護学校の五年間、私は子どもたちから日々学び、子どもたちの求める教員になることを学びました。

次に私が勤務したのは、横浜市立の受験校でした。はじめて教える世界史、日本史……、毎日が勉強の連続でした。毎晩遅くまで翌日の授業のためのノート、資料づくり。知識を楽しくそして深く教えることの喜びを学びました。私には、いつも子どもたちが私の先生でした。

そして、今から一三年前に夜間高校に異動しました。そこでも子どもたちから多くのことを学びました。今の私をつくったのは、まさにここで出会った子どもたちです。

この二二年間、私の毎日には、いつもたくさんの子どもたちがいました。昼の世界にも、夜の世界にも……。そして多くの子どもたちが巣立っていきました。

試験後、机を整え窓を閉め、黒板に「ありがとう」と一礼をして去りました。思えば教壇は、水谷が最も水谷として輝いていられた場所だった気がします。二二年、あっという間の日々でした。でも、楽しかった。たくさんの幸せをもらいました。さよなら、学校。お世話になりました。

diary 39 私の生きるべき道は……

ついに無職水谷になりました。もう「夜回り先生」ではなく「夜回りおじさん」と変えなくてはなりません。

しかし、私が学校を辞めることを告知したとたん、ものすごい数の講演依頼が続きました。すでに年内はほぼ全日、日本のどこかで講演です。ただ、困ったことがありました。私の肩書きをどうするかという問い合わせです。私が、「肩書きはありません。それではだめですか」と言うと、公的な機関ほど「それは……」と困った声が返ってきます。まだまだ日本は肩書きが大切な社会のようです。

私は、来年の三月まではなんの仕事にもつかず、講演と執筆、そして日々のメールや電話での相談への対応で生きていこうと思っています。そして、その半年のあいだに、来年以降の仕事を考えてみようと思っています。体調のほうは最悪で、いつまでこのからだが持つかわかりませんが、それでも来年の四月からは何か職に就きたいと思っています。たぶん、次の選択肢が今の水谷にはあるような気がします。
①文筆家・講演家として生きていく。
②教育研究所などを開設して、子どもたちの問題に組織的に取り組んでいく。
③なんらかの教育機関に再就職し現場に復帰する。
④マスコミと契約し、テレビやラジオの媒体を通し、社会に訴えかける。
⑤休養し最後を待つ。
でも、考えれば考えるほど、どれも違和感のある生き方に思えます。

水谷は、悩んだときはいつも子どもたちの側《そば》に行き、子どもたちとともに考えてきました。来年の三月まで、夜の街やメール、あるいはインターネットの掲示板でかかわっている子どもたちとともに、来年四月からの水谷の生きる道を探してみようと思っています。きっと子どもたちが、私の生きるべき道を教えてくれます。
人が悩むのは、解答が出ないからです。そのことをいくら悩んでも救いはありません。どんどん苦しみの連鎖のなかにはまってしまいます。そんなときは、まずは悩みを捨て、自分を必要としているだれかのために何かをする。少なくとも笑顔をもらえます。水谷はいつもそうして生きてきました。

diary 40

子どもたちを受けとめてください

四六都道府県。私がこの七年間に講演で回った都道府県の数です。まだ講演をしていないのは、岡山県だけです。来年早々には、岡山でも講演します。

一一五九回。私がこの七年間今日までに講演した数です。

八二一校。私が七年間で講演した小中高等学校の数です。

約五七万人。今日までに私の講演を聞いた人の数です。

約五万通。この二月から私のもとに届いた相談メールの数です。相談者数はメールだけでも二万人を超えます。

約三万九〇〇〇通。私が返信したメールの数です。

二三名。私がこの一三年間の薬物との闘いで失った子どもたちの数です。この子どもたちは、私が生きているかぎり私とともに私のなかに生きつづけ、多くの人に彼らの哀しみを伝えていきます。そして生きつづけます。

旭川・帯広・札幌・函館・青森・盛岡・秋田・酒田・鶴岡・山形・米沢・石巻・仙台・古川・いわき・郡山・会津若松・新潟・宇都宮・水戸・土浦・前橋・太田・春日部・大宮・柏・千葉・池袋・上野・渋谷・新宿・八王子・立川・三鷹・吉祥寺・下北沢・町田・川崎・鶴見・新横浜・横浜・伊勢佐木町・上大岡・戸塚・藤沢・本厚木・小田原・三島・沼津・静岡・浜松・名古屋・岐阜・金沢・富山・敦賀・福井・京都・大阪・神戸・姫路・広島・高松・徳島・高知・松山・博多・北九州・佐賀・熊本・鹿児島・宮崎・那覇。七三の夜の街。私がこの一三年間で夜回りをした街です。

これからどれだけの相談メールに返信し、どれだけ多くの子どもたちとかかわり、どれだけ多くの夜を街で過ごすことになるのか、私にはわかりません。しかし、しっかりと夜の世界で生きていこうと思います。二三名の子どもたちを救えなかった私には、昼の世界で太陽の下で笑顔で生きることは、許されません。ただ、一人でも多くの子どもたちを、夜の世界から昼の世界へと戻したいと思っています。

子どもたちは、物事をせっかちに考えます。一回でも大人に裏切られれば、すべての大人はウソつきだと、一回でも教員との関係がうまくいかなくなれば、先生なんて……と。私は、このような子どもたちと大人たちとの接着剤になりたいと思っています。大人のなかにもいろいろな人がいる。水谷のような人間もいる。もう一度、大人を信じてみないかい、と……。

これからも多くの子どもたちを、みなさんの住む昼の世界に戻していきます。ぜひそのときは、その子たちを受けとめてあげてください。「いいんだよ、今までのことは……。今日からいっしょに生きようね」と。

Part

Ⅱ

夜回り先生、子どもたちの明日を語る

褒めて、褒めて、愛を与えて

一三年の夜回りの果てに

「教室ではダメだ」。定時制高校の子どもたちと人間関係をつくるために、夜の街を回りはじめた……。

みなさん、こんにちは。じつは今日が七年間で一〇八四本めの講演ですが、今回から論点を切り替えた、新しい講演をやらせていただきます。

新しい講演に切り替えるのには理由があります。夜の世界の子どもたちと十数年、教員としては二二年かかわってきていますが、今、日本の子どもたちが相当危ない状況にあります。その危ない状況が、僕の専門である薬物乱用や暴走、非行、少年犯罪という領域だけではなくて、じつはもっと根の深いところにもっと多くの子どもたちの苦しみがあって、それがたぶんあと数年もかからないうちにこの日本の社会のなかで顕在化し、私たちの社会の基盤そのものを脅かすことになりかねない危惧を感じているからです……。

私はみなさんと全然違う世界に住んでいる人間です。みなさんは昼の世界の人間、僕は夜の世界の人間です。僕は夜間高校の教員ですから（二〇〇四年九月退職）、授業は夜で、学校の授業が終わるのが夜の九時。一一時ごろからは夜の街を歩きはじめます。夜の街にたむろする子どもたちに「早く帰れ。女の子、とくに先に帰せ」と、エッチなビラをはがしたりしながら声をかける。これを一三年間やってきました。

夜の街で生きているわけですから、当然、暴力団の連中とぶつかります。かたぎが夜の街で負けると、利き手の親指をつぶされるんです。暴力団員なら小指の先を切り落とされています。僕の右手の親指はグジュグジュです。ものを持てません。そういう世界で生き抜いてきた人間です。

けれど、こんな僕にもみなさんと同じ昼の世界の住人だったことがあります。今から一四年前までは、横浜市立金沢高校という、横浜の市立高校のなかでは雄といわれた非常に優秀な学校で教員をやっていました。あの当時はブラスバンド部の顧問をやり、ほんとうに多くのいいメンバーに囲まれ、また社会科の教員としてルンルン気分で毎日毎日楽しく授業をしていました。

そんな一四年前の一二月です。私の友人で、東京都立の夜間高校で教員をやっている人間から暗い調子の電話が入ってきました。「水谷、今日俺と会ってくれないか。

ちょっと悩んでいることがある」。声があまりに暗いので、「わかった。今日は部活を早じまいして、おまえの学校のそばで九時に待っててやる。寿司でも食おう。俺のほうはボーナス出てるから、ごちそうしてやるぞ」。

彼と待ち合わせをして、寿司屋に入りました。寿司屋で飲むわけですから、刺身の盛り合わせに生ビールが出るわけです。その刺身を見た瞬間に、彼がこう言いました。

「おい、水谷、寿司だって刺身だってネタを選ぶよな。腐った魚でうまい寿司はつくれない。俺たち教員だってそうだ。おまえは日本の明日を担うような優秀な子たちに囲まれて、優秀な教育ができる。でも俺は、学習意欲もない、遊び以外なんのために高校に学びにきたのかわからない、そういう連中相手にいい教育なんかできるわけがない」。

そこまでに彼がいたるには、多くの苦しみがあったと思います。いいやつでした。僕の親友です。でも、その瞬間に僕はキレました。

「言っていいことと悪いことがある。おまえは教員としての一線を越えたよ。いいか、魚に腐った、腐らないがあっても、人間に腐った、腐らないがあるか。まして子どもに。あるとしたら腐らされたんだ。それを生き返らせるのがわれわれ教員の仕事だろう」。

「水谷、おまえが言ってるのはきれいごとだ。いい学校にいるから、そういうことが言える」。

「じゃあ、俺が夜間高校に行く。そのかわり、おまえは教員を辞めろ。教員をやる資格はない」。

彼は今、埼玉で塾の講師をやっています。

そのときすでに人事異動は終わっていたのですが、僕は校長先生に「夜間高校に行かせてくれ。行かせてくれなきゃ辞める」と言いました。

校長先生を脅して、夜間高校に行ったのです。

でも、行った当時はすごかった。荒れていました。その学校に生徒指導担当として赴任し、まず授業に立ったのです。

僕は子どもたちをなめていました。どうせ定時制の子どもたちは今まできちんと勉強していないだろう。プリント学習でいこうと思ってプリントをつくって授業に臨みました。それに僕はネクタイが好きなので、ネクタイをして子どもたちの前に立ちました。

ところが、目の前にあったのは子どもたちのギラギラとした目です、「なんだ、この野郎」という。その瞬間に、合点しました。ダメだこれは。俺の力じゃ授業は無理だな。自分から何かを教えようという姿勢では、この子たちとコミュニケーションはとれない。まず人間関係をつくろう。

教壇から降りて言いました。

「おー、悪いな。おまえたちをナメてた。おまえたちどうせ勉強なんてできないだろうと思って、こうやってプリントをつくってきたけど、もうやめた。授業っておまえたちと俺とでつくるもんだ。おまえたち、俺をつくれ。どんな教員がいい？　どんな教員にでもなってやるぞ」。

「ふざけんな」という目で私を見る彼ら。これはダメだ、教室じゃあ……。

じつは夜間高校の子どもにも放課後はとても大事な時間なのです。昼の学校の子ならば、四時、五時、六時ですが、夜間高校の子は夜の一〇時、一一時、一二時なんです。

当時の勤務校は中華街の横、横浜のどまんなかにありました。当時、まわりには日本を代表する七つの組織暴力団が、一一の事務所を持っていました。そんな環境で子どもたちが朝まで帰らないわけです。女の子が危ない目に遭ったり、いろんな噂《うわさ》が入ってきました。これはダメだ、その場で子どもたちと人間関係をつくって、ともかく女の子を帰そう。こうやって始めたのが、夜回りでした。

夜の街、山下公園や横浜スタジアム、大通り公園、伊勢佐木町、元町、港が見える丘公園、全部回ると三時間かかります。そこを回りながら子どもたちに「まずは女の子だけ早く帰せ。男の子は朝までつきあうからいろいろ話そうぜ」と声をかけながら、人間関係をつくりはじめました。

そのうち、自分の学校の生徒だけ注意している自分に腹が立ってきました。制服を着ている子はいっぱいいるわけですから、よし、片っ端からみんなに話しかけていこう。これで夜回りが完成しました。


その一三年前から、僕は夜の闇に沈む子どもたちとともに生きてきた気がします。夜の世界で非行、犯罪、暴走を繰り広げる、一夜の救いを求めるために中高年の男にからだを与える、そういった多くの哀しみをもった子どもたちと生き抜いてきました。ところが今から二年前に、まったく違う種類の子どもと出会うことになったのです。

二年前のその日、九州・福岡のある高校に講演に行きました。それが終わったあと、一人の少女が「どうしても先生の名刺がほしい、連絡先がほしい」と言うので、「おお、いいよ」と名刺の裏に携帯の番号を書いて渡しました。まずメールがきました。

「先生、私はリストカットをしてます。先生の専門の非行とか犯罪じゃないけれども、私の相談に乗ってくれませんか」。

リストカットをしている、心を病んでいる子との最初の出会いでした。その子と行き合うなかでさまざまなことを学び、さまざまなことに気づきました。

それはどういうことか。今、多くの子どもたちが病んでいる。僕は子どもたちの闇、病んでいる点を、夜遊びとか、非行とか、犯罪とか、《買春される》に見てきました。そういう僕が中心的に扱ってきた生徒指導上の問題をもつ子どもよりも、はるかに多い、もしかすると一〇倍以上の子どもたちがもっと苦しんでいた。

「夜眠れない子どもたち」との出会いでした。

夜眠れない子どもたち

攻撃的社会のなか、真面目ゆえに優しいがゆえに自分を責める子どもたち。彼らの友はリストカットや自殺願望だ。

マスコミの世界には、今から二年前まではある不文律がありました。

「リストカットは扱わない」。

「子どもの自殺願望等は番組にしない」。

これはなぜだかわかりますか？　リストカットは伝染するからです。リストカットが現代社会のなかではじめて問題になったのは、一九五〇年代のアメリカの女子精神病院と女子刑務所だといわれています。閉鎖的な空間のなかで、一人の収監者がリストカットを始めた。これは心の叫びですね。心の叫びをどこにも出すことができないから、リストカットをすることでかろうじて生きていく。それが一ヶ月もたたないうちに収監されている部屋の全員に伝染してしまった。これが文献的に僕が調べたなかではいちばん古い記述でした。

そういったことがあるので、報道は控えようという規制がありました。それをあえて二〇〇三年九月一三日、『ＮＯＮ　ＴＶ』というＴＢＳの番組で、リストカットの子をメインで扱ったのです。

その直後、ものすごい数の相談が続きました。ともかくそれをなんとかしなければならないと思い、『夜回り先生』（サンクチュアリ出版）という本を出したのです。その結果、僕のもとに届いたメールは、現在三万二〇〇〇通を超えました（二〇〇四年八月五日）。三万二〇〇〇の全国の中・高生を中心とした一〇代、二〇代前半の子どもたちからの「助けて」のメールでした。そして三万二〇〇〇通のメールのうち九五パーセントが女の子です。女の子の相談メールのうち、約八五パーセントがリストカット、自殺願望にかんするものでした。

そこで気づいたことがあります。今、私たちの社会というのは、ものすごく攻撃的な構造になっています。人間関係が、認めあう、許しあうことではなくて、攻撃から始まっていく。たとえば学校でも、校長がわれわれヒラに「おまえ、こんな仕事もできないのか。何やってるんだ」。会社でもそうです。上司が部下に「おまえよくやったな」ではなく、「何やってるの。そんなんでどうするの？　クビになりたいの？」

そこで責められた部下、あるいはわれわれヒラは家に帰って、奥さんに「まだ風呂も沸いてないのか。メシもできてないのか。何やってんだ、おまえは」。その奥さんは自分の子どもに「何このテスト、こんな点数取って。何考えてるの」。その子どもはどうするんですか。動物を殺しますか。小さい子を殺しますか。同級生を殺しますか。

じつはこのイライラした社会のなかの攻撃性がすべて集約されているのが子どもたちだということに気づきました。

子どもたちはその攻撃のなかで二極化しています。およそ一割から二割弱の子どもたちは、それに対して立ち向かってくる。立ち向かうといっても幼い立ち向かい方です。

「俺なんてどうせ親から文句ばかり言われてる、いなくていいんだよな、学校へ行ったって相手にされない。先生に褒《ほ》められやしない。勉強にもついていけない。どうせ俺なんて。いいよ、夜の街に行こう」。

元気のある子は夜の街、僕の住む街に来ます。夜の街の大人は優しいですよ。女の子が来れば、「キミ、きれいだね。素敵だね。どこか行きたいところある？　食べたいものある？　何か買ってあげようか？」食い物にできます。からだを狙えるからです。男の子たちに対しても優しいですよ。「おまえカッコいいなあ。元気いいじゃん」。パシリにできる。薬物の売人にできるんです。そして子どもたちは、あっけなくそのウソにだまされて、夜の世界で生きていく。

そのなかでももうちょっと元気のあるやつは、「いいよ、大人の社会に復讐《ふくしゅう》してやろうぜ」。一人では彼らは勝てません。グループをつくる。チームやギャングです。そこにバイクが入れば暴走族。そして大人社会に対して牙をむいてくる。

そんななかで、元気はちょっとあるけれども幼い、愛に飢えた女の子たちはどうするか。《買春される》ですよ。つかのまの救いを中高年の男の毒牙のなかに求めていく。でも、これはあくまで一割、せいぜい二割弱なんです。

では、八割以上の、大人によって攻撃され、「おまえは、おまえは」と責められた子どもたちの多くのはどうしているか。もっと自分を責めるんです。優しいがゆえに、真面目であるがゆえに、自分を責めてしまう。私がいけないからお父さんに叱られた、私がいけないからお母さんに叱られた、私がいけないから学校の先生に叱られた、と。

その子どもたちはどうしていますか。夜、親たちが自分の部屋でグースカ寝ている、その隣の暗い部屋でカミソリを前にしてリストカット。縄を前にして首を絞める。死のうと思って、「いっぱい飲んだら死ぬよ」と言われている市販薬や医者からもらった処方薬を三〇錠、四〇錠飲む。すると、死ぬどころか少し気持ちよくなって、ラクになった。OD（オーバー・ドーズ）といいます。市販薬・処方薬の過剰乱用というかたちでどうにか生き抜いています。

私はそのことに気づいたのです。

相談件数は大変な数です。約三万に近づいています。僕の場合は電話番号もメールアドレスも公開していますから当然かもしれませんが、そこに相談がきています。みなさん方のまわりにもかならずリストカッターはいるはずですし、心を病んで自殺願望をもっている子はたくさんいるはずです。これが「夜眠れない子どもたち」でした。

この子どもたちにどう対応していくべきなのかいろいろ考えました。それを、非行、犯罪の面を含めながらお話ししていきたいと思います。

「人間っていいもんだな……」

「僕、死ぬんだ」。相談メールを送ってきたリストカッターの少年は、校長先生の子どもになった。


暗い話が多くなりますが、この半年間の三万二〇〇〇通におよぶメールとの闘いのなかで、すごくうれしかったことを、ひとつだけお話しします。相談メールを送ってきたなかで最年少の、小学校四年生の福島県の男の子のことです。二月の半ばすぎ、僕が『夜回り先生』を出版してすぐにメールがきました。

「水谷先生、僕、死のうと思う。でも、最後に先生と話したいな。僕、いじめられてる。親からもいじめられてる。学校でも今日、担任の先生にいじめられた。僕、死ぬんだ」。

男の子のリストカッターというのは非常に危険です。僕のところにきているケースでは三〜五パーセントほどですが、そのかわり我慢に我慢を重ね、末期でくる。僕は男の子のリストカッターの場合には即、動いています。

これは性格的な問題なのでしょうか、女の子は比較的心がパンパンになりはじめる初期の段階からリストカットを始める。男の子は我慢に我慢を重ねて、切っている段階では相当危ないところまできていることが多いです。

この子も男の子ですから、即、「連絡待ってるよ。先生ついてるぞ」と電話番号を書いてメールを送ると、折り返し電話がきました。

この子の母親は、地方都市のはずれのほんとうに小さな村で美容院をやっています。お客なんてほとんど来ないわけですから、財政的にも破産状態。父親はパチンコ狂い、遊び狂い。家庭はメチャクチャです。洗濯もしてもらえなければご飯もろくに食べさせてもらえない。そんな状態で学校に行っていたのです。

学校へはいつも汚い格好で行きますから、仲間からは「臭い、臭い」といじめられていた。そんななかでリストカットを始めていたそうです。切ることで生きていた。

リストカットというのは、死ぬためにやるケースはまずない。リストカットではまず死ねません。血が固まりますから。リストカットでパンパンな心のガスを抜いて、ようやく生きている。リストカットを闇雲《やみくも》に止めることは、その子どもを殺すことになります。リストカットをやっている子に「何やってるの。バカなことはやめなさい」と言うのは、「死ね」に等しいことなのです。

そのケースでいちばんいい回答は、抱きしめていっしょに泣いてやることです。そのことを学んだのも、この子のケースからでした。

その日、担任の先生から「おまえがいじめられているのはな、おまえが汚い格好してるせいもあるんだぜ。母ちゃんに言って、ちゃんと服を洗ってもらえ」と言われたそうです。この子にしてみたら、「死ね」と言われるのに等しい。お母さんが洗ってくれないんですから。

それまでも、ほんとうにつらいときはリストカットではなく、「ヒモを用意して自分の首を顔が青くなるまでギュッと絞めて、いつでも自分は死ねるんだと思って、やっと眠れた」と言っていました。小学校三、四年生の子がですよ。

この子は死を決意して、ちょうどその手前で僕の本を読んだそうです。最後にこの先生に言ってみようと思って、メールをくれたそうです。

僕はこの子に言いました。

「今はリストカットするな。今は死ぬな。だれかまわりに『この人なら信じてもいいな』という先生いるか？　大人がいるか？」

そうしたら、「校長先生」という声が返ってきたのです。

「校長先生は、なんで信じられる？」

「四月に来た先生だけど、廊下で会ったりすると、『いい子だね』と頭をなでてくれたり、すごく優しいんだ。あの先生なら信じられるかもしれない」。

「わかった。じゃあ、いいか、明日の朝、校長先生のところにカミソリを持っていって、ロープも持っていっていいぞ、校長先生の前でリストカットしな。校長先生の前でしなさい。そのかわり、自分の心のつらさを全部、校長先生に話してごらん」。

そう言って、僕はその先生に賭けてみることにしました。


翌日は、朝八時の段階からすべての相談電話を昼過ぎまで待ってもらいました。緊急の電話を一本待つからということで、回線を確実に空けて連絡を待ちました。八時四〇分過ぎ、泣いている彼から電話がありました。

「先生、先生ーっ」

「どうした？」

「先生、校長先生に話してカミソリ見せたら、『つらかったんだね』と抱きしめてくれた。校長先生、僕のために泣いてくれた」と言うんです。

「よかったなあ。わかってもらえそうか？」

「うん」。

「よし、校長先生にちょっと代われ」。

校長先生はボロボロに泣いておられて、僕にこう言いました。

「水谷先生のことは存じております。ほんとうに申し訳ない。自分の手元でこんなにこの子が苦しんでいることにまったく気づかなかった。先生、この子をなんとしても助けたい。どうしたらいいか、教えてください……」。

僕は、「家には帰さないでほしい。虐待です。児童相談所に通報して、この子については施設で保護してほしい。申し訳ないけれどもそちらの学校には戻さないでください。これだけのいじめがあって、担任ともうまくいっていない。担任の教員についてはしかるべく処分をしてください。やったことの責任は大人がとって、どうやって責任をとるかを見せなければならないから。あなた自身も自らを律して処分してほしい」と話しました。

校長先生は「わかりました」と言ってくださいました。

でも、この校長先生は言ったとおりにはしなかった。この子を児童相談所に渡さなかったのです。この校長先生は独身でした。自分の家に連れて帰ったのです。そして学校を替えました。

この七月に、すごくうれしいメールと電話が男の子から届きました。

「先生、僕、校長先生の子になったよ」。

校長先生は、男の子を自分の子にしてくれたのです。

人間っていいもんだな……。僕はこの半年間、三万二〇〇〇の「死にたい」という相談メールとの闘いでずいぶんシラガが増えました。このシラガの一本一本が、その子たちの悲鳴です。歯もガタガタになった。「痛い」、「死にたい」、「死にます」。メールを受けるたびに奥歯を噛み締める。死なすな、殺すな、この子を助けなきゃ……。そんななかで、ひときわうれしかったケースでした。

でも、今こういう子どもたちが圧倒的に増えてきています。これら、子どもたちの今と明日について順番にお話ししていきます。まずは僕の専門である少年犯罪の問題から説き起こしていきます。

第四次少年犯罪多発期の到来

二〇〇三年は全刑法犯の四三パーセントが少年という驚くべき時代の幕開けだ

じつは昨年の七月、大変なことが起きました。七月というのは、文部科学省の青少年健全育成強化月間です。法務省の「社会を明るくする運動」――来るべき夏休みを前にして、子どもたちを取り巻く環境を浄化するとともに、子どもたちに対していろいろな意味での指導を入れて、夏休みを健やかに安全に過ごせるようにする――、そのために各機関が動く時期です。当然、警察も徹底した取り締まりをやる時期です。

昨年の七月、日本で逮捕された全刑法犯者、いわゆる犯罪者の四八パーセントが少年でした。日本の法制史上、初めての汚点です。昨年は通年でも全刑法犯の四三パーセントが少年という事態が起きてきています。これは大変な事態です。ですから私は、現在を「第四次少年犯罪多発期」と呼んでいます。

けれど、政府はそういった宣言を出してはいません。それには理由があります。一九八三（昭和五八）年の第三次少年犯罪多発期と比べて、青少年による犯罪発生件数自体は八割強まで減っているからです。増えていないなら出さなくていいじゃないかというわけです。けれど、子どもの数も八割弱まで減っているのですから、相対的にいえば、現在は第四次少年犯罪多発期としなければならない時期だと私は考えています。

　これから今回の第四次少年犯罪多発期の中身を順番に説明しながら、「夜眠れない子どもたち」との関連を説明していこうと思います。

　この特徴は五つあります。ひとつは万引き・窃盗、軽犯罪の天文学的増加です。二つめは性非行・性犯罪の増加。三つめは女子の犯罪の増加。四つめは異常・凶悪犯罪の増加。五つめは薬物乱用の問題です。

万引き・窃盗、軽犯罪の急増の背景

「みんなやってんじゃん」。自分でモノを考える能力が育てられていない子どもたち。

今、万引き・窃盗、軽犯罪が異常に増えてきています。少年刑法犯のおよそ七割近くが、いわゆる窃盗、万引きだと言われています。なぜこんな事態が起こるのでしょうか。

僕は仕事柄、デパートなどに入ると、女の子のグループが四〜五人で歩いていて、まんなかの子たちがカバンを前に持って、両端の子がキョロキョロしていると、サーッとうしろへまわります。ポンポンポンポーンと肩をたたいて、「やるなよ」と声をかけます。これで彼女らはできません。

でも、どうしようもなく間に合わなくてつかまえるケースもあります。そんなとき、彼女たちがかならず言うのは、「みんなやってんじゃん。なんで私たちだけつかまえるの？」　自分でモノを考えず、みんながやっているからそれに流されてやっている子が異常に多いのです。

じつはこれは万引き・窃盗にかぎりません。「援助交際」などというとんでもない名前をつけられた《買春される》もそうです。

「おまえ、なんでそんなことしたの？」

「みんなやってたから」。

僕が専門である薬物乱用も同じです。

「なんでおまえマリファナなんかやったの？」

「みんなやってたから」。

「なんでおまえシンナーやってたの？」

「みんなやってたから」。

モノの価値の基準が善悪ではなくて、みんながやっているか否かで決めている子が異常に増えています。

みなさん方の学校、とくに高校、中学のあの格好を見てください。「ズルズルカッペ靴下」と僕は呼んでいます。略して《ズルカ》。「ルーズソックス」というのはやめましょう。あれは茨城県の水戸の輸入業者が輸入しました。だから「カッペ靴下」。茨城の人がいたらごめんなさい（笑）。ズルズルしているから「ズルズルカッペ靴下」。それから「スケベ丸出し、パンツ丸見えスカート」に「耳ホッチキス」、「銀色の鼻くそ」、「はげ眉」に髪の毛は「トウモロコシの腐ったの」と……。

でも、ほんとうにあんなものがカッコいいと思ってやっている子たちだけではない。みんながそれをやっているから、あれをやらないとはじかれるから、みんなの真似をしてやっている子が非常に多い。これはあらゆることに言えます。子どもたちのあいだでは、なんでもすぐブームになってしまう。

でも、これもあたりまえのような気がします。モノを考える能力が子どもたちに欠如しています。

でも、モノを考えない育て方しか、じつは家庭も学校もしていないのではないでしょうか。

みなさん方のなかには、お母さんをやっていらっしゃる方がたくさんいると思います。トントントントンおいしい料理を一生懸命つくっているとき、子どもが「ママ、遊んで」とくる。遊んでやりたいけど主人も帰ってくるしで、「はい、ビデオ」、「はい、ゲーム」、「はい、テレビ」。ビデオやテレビやゲームは一対〇のコミュニケーションです。受け取るだけであって参加する必要がない。ここではモノを考える能力は育ちません。ただ、受け入れるだけの能力しか育たない。

「こうしなさい、ああしなさい」、「何やってるの」、これも一対〇のコミュニケーションです。

もう少し進んで、優しい親もいる。優しい親の場合、「今日はどうだったの？」と聞くのはいいのですが、五つ聞いて一〇質問したりで、子どもより多く話してしまう。自分の子どもと話すとき、しゃべる回数は五分と五分でいっていますか？　いかないですね。たぶん、親子関係ではよほど優れた親でも、コミュニケーションは一対

○・五でしょうね。

学校だってそうですよ。単に教壇で一方的に「おまえらここ覚えろ。試験に出るぞ。これ覚えてないと留年だぞ」。

僕はそういうのがいちばん嫌いなんです。壇上でそういうことをやっている学校だと、講演に呼ばれても途中で帰ります。

「水谷先生がいらしてる。静かにしろっ。おまえたちうるさくすると、つまみ出すぞ」。「あんたが出ていけ。あんたがうるさいんだろう」。

脅しで静かにさせる、それが教育ですか。イヌ、ネコじゃあるまいし。怒られるから静かにするんじゃなくて、話を聞かなきゃいけない、聞きたいから静かにする。そういうふうに悟らせるのが教育でしょう。

ちょっといい先生だって、「どうなんだ、おまえ」と言いながら、ついつい子どもの倍しゃべって、子どもに教えようとしてしまう。学校だって一対一のコミュニケーションなんてほとんどないです。

水谷は夜の街でも学校でも、子どもと向き合ったときはしゃべりません。しゃべることなんてない。だって子どもたちは、自分自身のなかに答えをもっていますから。

自分で気づかせればいいんです。していいことと悪いことも知ってるし、どう生きるべきかも、じつは知っています。じっくり待てばいいんです。でも、学校は待てませんね。

いろんな学校へ行くと、よくこう言います。

「うちの学校はすごいです。生徒会は子どもたちが自主的に運営して……」。僕が行く前に歌をうたったり、いろいろ演出をする。ウソばっかり。そう言うあんた方教員が全部ラインを引いているだろう。

「うちの球技大会は子どもたちが自主的に……」。なーに、体育科の先生がアンチョコをつくって、子どもに耳打ちして「こう言うんだぞ、ああ言うんだぞ」。なぜそんな愚かなことをやるのか。

そんなことで行事をやって、毎年こなして形だけ整えていく。そういう教育を日本がしてきたことが、どれだけ子どもたちからモノを考える能力を奪ったか。

失敗というのはあっていい。失敗から学ばなければいけない。学校教育において、行事運営でもなんでも失敗をしてきましたか。失敗をする強さ、それを持たないと、子どもたちは育たない。そのなかから自ら学び、自ら考え、生きていく。すごく大事なことだと思います。

ほんとうの教育の根本というのは、その子が失敗したときにどう対処していくか、それを言葉ではなくて、側《そば》にいて抱きしめながら、またそこで見守る。自分で考えさせる。これが一対一のコミュニケーションを超えた一対二のコミュニケーションです。一しか教えないで、子どもが二学んでくれる。親には無理かもしれない。しかしわれわれ教員は、それができる人間でなければいけないと思います。

「自分病」からの脱出

「悩むな、子どもたち」。答えの出ないことで悩むより、明日に向かって今やれることをやろう。

窃盗の天文学的増加とかかわって、リストカット、自殺願望、ＯＤが増えている背景に、じつはモノを考えられないということがあります。モノを考えられない、考える能力がない、コミュニケーションがとれない。だから人の真似をして生きる。生きている人間が人とのコミュニケーションがとれなくなったときどうなりますか。真似をしようにもグループがないのです。孤立が何十倍にも何百倍にもなる。モノを考えられる人間は、孤立したとしても、これは俺の生き方で、俺には俺の明日がある、そういうふうに昇華して考える能力がある。それがないわけです。

そんななかでモノを考える能力もつくられていないのに、悩む。外に目が向かず、自分のことばかり考える。「自分病」といいます。その自分病のなかで苦しんで苦しんで、そしてリストカットやODや自殺願望に入っていく。

じつは一冊めの『夜回り先生』は《救い》、「いいんだよ」がテーマでした。二冊めの『夜回り先生と夜眠れない子どもたち』は「明日へ」というテーマです。そのなかに強烈に入っているメッセージは、「悩むな、子どもたち」です。悩んでもムダなんだ。答えの出ることは悩む前に答えが出ているし、答えが出ないから悩むんだ。答えの出ないことで悩むより、明日に向かって今やれることはあるんじゃないか。まわりに優しさを配ってみよう、人のために生きてみよう、そういうメッセージを込めた本です。そこが大事だと思います。

ほんとうにモノを考えられる子どもたちを育ててください。簡単です。われわれがしゃべらなければいいんです。教えなければいいんです。子どもたちに考えさせて、子どもたちの側にいて見守ってやればいいんです。それを一番すべきなのは、学校教育です。だって、学校は子どもたちの起きている時間の大半を奪っているわけですから。

性非行・性犯罪の急増の理由《わけ》

たがが緩んでしまった、なんでもありの時代、子どもたちに判断を委ねるだけでは、たいへんなことになる

二番めに、性非行・性犯罪の問題が非常に急速に増えています。下着ドロ、幼児ワイセツ、のぞき、あるいは《買春される》、婦女暴行、なんでもあります。でも、これもあたりまえのような気がするんです。

みなさん、子どもたちの読んでいる漫画や雑誌を読んだことありますか？　小学校低学年や未就学児童が読んでいる『コロコロコミック』にはじまって、『少年マガジン』『チャンピオン』『りぼん』『マーガレット』『別冊少女フレンド』『サンデー』、それから『リードコミック』『ビッグコミック』『ヤングジャンプ』『ヤングマガジン』……いろいろあります。

昔、ある番組のコメンテーターをやる関係でいろいろな雑誌を読んだことがありま

す。ひどい。小学校低学年や未就学児童が読む『コロコロコミック』でパンチラ、ムネチラ、唇チューでしょう。小学校高学年が読むものでセックスが出てくる。ただし、下半身は枠外、胸は出る。中学生以上の読んでいるものは全身が出ます。ただし、ぼかしが入り、性行為が出てきます。

それ以上に問題になることがあります。エロ本でも漫画でも、ご覧になればかならず気づきます。そのなかにある男尊女卑の思想です。今はジェンダーフリーの時代です。男と女が性の差を超えてともに生きる、同じ人間として社会を支え合って生きていこうという時代に、子どもたちが日常的に触れ、ある意味で学校教育以上に学んでいる漫画や雑誌はなんなのか。

女は男に尽くすもの、尽くす女こそ「いい女」ですよ。男の子にチューしたいと言われたら、目をつぶって唇を出す。それが「いい女」。男の子に裸を見たいと言われたら、恥じらいながらも洋服を脱いでみせる、それが「いい女」。セックスしたいと言われたら、セックスして喜ぶ、それが「いい女」。ふざけるな、です。

そういうものにいとも簡単にさらされている子どもたちに対して、学校教育は、あるいは家庭で親は何をしていますか。じつは何もしていないでしょう。ほとんど純潔教育。「エッチなもの、そんなものは見なくていいの。きれいなものだけ見てなさい」。今の時代、きれいなものだけを見て生きられますか、このインターネット全盛の時代に。

みなさんにクイズを出しますから、答えてみてください。みなさんの子どもが中学生か高校生ということにしましょう。イメージしてください。自分の子どもの部屋を掃除していたら、ベッドの下からエロ本が出てきました。写真入りのエッチな本です。みなさんどうしますか。次の三つから選んで、手を挙げてください。

一、見て見ぬふり。そのまま元に戻しておく。
二、ベッドの上に置いて、「気づいたよ」。
三、家族会議。

一番目の見て見ぬふりをする方、手を挙げてください。

二番目の、「気づいたよ」という方。

三番めの家族会議の方は。

……信じられないですね。このなかでいちばん許しがたいのは「気づいたよ」です。卑怯ですよ。「気づいたよ。おまえ大人になったんだな、よかったな」なんですか？　それとも「ふざけんな、こんなもの見て」なんですか？　子どもに判断を委ねるわけでしょう。性についてろくに教えもしないでいて、「気づいたよ、おまえ自分で考えろ」、こんなイヤミなやり方はありません。教育者なら最低でしょうね。

「見て見ぬふり」というのはどういうことなんでしょうね。まずは見つけたら、どこに矛盾があり、どこが間違えているかを確認したうえで、やっぱり家族会議なんじゃないですか。

帰ってきたら、「おいで。お母さんはこの写真、こういうのって女性としてすごくイヤなの。どうしてかわかる？　あなたが将来愛する人ができたとき、こんなものをあなたが見ていたらどう思う？　たとえばこのセリフにはウソがあるよ。女の人はこんなふうには思わないんだ。こんなものにだまされないで」。

そこにお父さんが帰ってくる。

「おい、何見てるんだ。何だ、そんなエッチなもの見て」。

「子どもの部屋で見つけたから」。

「ごめん、俺も隠してたんだ（笑）」。

それで夫婦喧嘩が始まるのもひとつのコミュニケーションかもしれません。やっぱり語るべきなんです。

たとえばリストカットの問題。それに触れず隠していたのでは、ぜったい解決はできない。僕がリストカットの子になんて言っているかわかりますか。

「人の前で切れ。隠すな、ぜったいに。だって、それはおまえの心の叫びだろう。おまえがそれだけつらいということを、親やいろんな大人に全部見せろ。かならず心ある大人がいて、おまえを抱きしめてくれる。いっしょに泣いてくれる大人がいる。その大人とともに明日を考えてみよう。まずは水谷がおまえの側にいる」。

隠してではすまないんです。社会全体の規律がしっかりして方向性が決まっている、ある意味でガチガチの世界ならば、それでもいい。今のようにたがが緩んでしまってなんでもありの時代に、さわらないでいったら、えらいことになってしまう。

愛と性の教育

《買春される》子どもの家庭では、夫婦の愛が壊れている。

学校だけでなく家庭で、ほんとうの愛の教育が求められている。

典型的な性についての問題が教育現場で起きて、東京都の七生養護学校で大量処分が出されました。ふざけるな、です。石原知事、遠山前文科大臣を軸にして産経新聞社などのグループ、彼らは純潔教育という。「清く正しく美しく」、「コンドームをつける教育なんてとんでもない」、「フリーセックスをあおっているのか」、「障害を持った子どもにセックスを教えるな」っていったいなんですか。とんでもない差別意識です。

そういうなかで、村瀬幸浩先生率いる性教協のグループは必死で、「やはり教えなければならない」とおっしゃっている。これはかみ合わないでしょう。不毛です。両者はちょっと違うと思う。村瀬先生はそのへんをちゃんとわかっていらっしゃる。

まず石原知事、あるいは遠山前文科大臣、産経新聞の純潔教育。僕はもともとカトリックですから、純潔教育のほうがはるかに好きです。でも、純潔教育をするならば憲法改正ですよ。表現の自由を束縛してエッチなものはいっさい出させない。

日本は売春防止法があるから、売春はないはずです。だったらソープランドはなんですか。そんなものを全部排除して、社会を清く正しく美しくしたうえで、子どもたちにも清く正しく美しく生きなさいと言う。それで五分と五分でしょう。本音とたてまえで、大人はいいけど子どもはダメだよ。それをウソと呼ぶんです、子どもは。

では、逆に「コンドームをつけよう」という教育。それは泌尿器科や産婦人科、性病科の医師、あるいは保健師、看護師、養護教諭、そうした方々が教えるのはあたりまえです。今、ＨＩＶを中心として広まりつつある性感染症をどう抑え、子どもたちを守り、また妊娠中絶をどうやって防ぐか。そのためにはコンドームは最も有効な手段なのですから。ところが、そのあいだを支える教育が抜けているんです。

あいだを支える教育とは何か。これは一般の教員がやらなければいけない、親がやらなければいけない。われわれが人間として子どもたちにやらなければいけない。愛とは何か、性とはどういう営みか。幼稚園から高校、大学まで、年齢、世代に応じた愛や性のあり方をきちんと教えていかなければいけない。それを教えることを抜いてコンドームをつけるという教育をやってしまえば、それはフリーセックスをあおっているのではないかと誤解されてもあたりまえの側面があると思います。ほんとうの意味での愛や性の教育が、今の日本のなかではすっぽり抜けています。

でも、覚えておいてください。いちばんいい愛の教育ってどこでできると思いますか。家庭です。家庭で父親と母親がいたわりあい、愛しあい、許しあい、支えあって生きること、それを子どもが見ることがいちばんいい愛の教育なんです。これだけ《買春される》が増えていく背景には、殺伐とした家庭の状況があると思います。

《買春される》をやっている子どもたちを家まで送っていって家庭をみると、愛しあっている夫婦はないですね。まずは夫婦が壊れている。こういうなかでは、「どうせ結婚なんか、愛なんてウソだ、男と女なんて……」と、《買春される》に入る子どもたちの気持ちがわからないでもないです。

病みゆく子どもたち、夜眠れない子どもたちの背景には、われわれ大人自身の責任がみえます。たとえば今、大人になりたくない子どもたちが非常に増えています。「大人になんかなりたくない、なったっていいことないもん」。あたりまえですよ。どの大人が幸せそうに仕事をやり、幸せそうに家庭で生きていますか。どの大人も疲れた顔で、家に帰れば「ほんと、つらいなあ。会社はつぶれそうだし……」。学校の教員ですら、そうでしょう。「楽しいなあ、授業。ルンルン、今日もやるぞー」とやっている教員がどれだけいますか。疲れた顔で、「おまえら教えるの、かったるいなあ」。こんなのを見ていたら、大人になること、働くことの喜びなんてないんだ、だったら今のままでいいんだ、ということになってしまう。すごく責任を感じます。

金沢高校で教えた僕の子どもたちには、教員になった子が多いんです。あの子たちと先日、同窓会みたいなかたちで会ったのですが、そのとき彼らが言っていました。「先生を見てたら、教員やりたくなった。先生、ほんと楽しそうだった、授業が」。

だって、楽しいもの。大人になるっていいことだよ、幸せなんだよということを大人が見せずして、子どもをちゃんとは育てられないんです。すごく考えなければならないことです。子どもたちはほんとうに鋭くわれわれを見ています。

《買春される》子どもたち

「おカネじゃない、優しいから、大事にしてくれるから」。少女たちは昼の世界で自己肯定感を奪われているのだ。

《買春される》と僕は呼んでいますが、夜の世界で中高年の男にからだを買われる女の子たちが非常に増えてきています。

先日、つらい思いをしました。神奈川県の海老名駅前のホテル、そこに僕が戸塚高校の定時制で教えた女の子が時給二〇〇〇円のおカネにつられて、受付でアルバイトをしていました。その女の子から日曜日の一二時前に電話がかかってきました。

「先生、なんとかしてよ。今ちょっと前にうちのホテルに小学生が入った。オーナーに『こんなの入れちゃいけないんじゃないか』と言ったら、オーナーが『かまわん、いつもうちは入れてる』って言った。こんなホテルつぶして」と言ってきたんです。すぐに駆けつけて、警察に電話をしました。

残念ながら、ホテルのなかには突入できないんです。外で待つしかなかった。三時ちょっと過ぎに三組、逮捕・補導しました。子どもたちは小学校五年生が一人、小学校六年生が二人補導されました。男は、三九歳と四三歳と四九歳でしたが、全員逮捕です。

ちなみに覚えておいてください。一五歳未満の少年と成人が肉体関係をもった場合、三つの罪状で裁かれます。児童福祉法違反と青少年健全育成条例違反（淫行条例違反）と、三つめに暴行罪がつきます。即、刑務所行きです。

一八歳未満の男女と二〇歳以上の成人が性的な関係をもった場合には、青少年健全育成条例違反と児童福祉法違反です。

では、ここで質問です。一八歳未満の少年同士が合意のうえで性的な関係をもつこと、これは犯罪ですか？　犯罪じゃないですか？　高校生同士がエッチをすることは犯罪ですか？　犯罪じゃないですか？

犯罪だと思う人、手を挙げてください。ほとんどいませんね。

では犯罪じゃないと思う人、手を挙げてください。大勢いらっしゃいますね。

……日本はおしまいですね。犯罪ですよ。それを不純異性交遊と呼ぶんです。刑法犯ではないですが立派な犯罪で、日本では一八歳未満の子どもがエッチをすることは禁止しているんです。ですから、それを繰り返すと虞犯《ぐはん》といって、しかるべき施設に更生保護されます。このことを子どもたちも完全に見失っている。みなさん方が見失っているのだから、あたりまえですね。困ったものです。

ただ、例外があります。一八歳以上の男の子と一六歳から一七歳までの女の子で、両親が認めていて結婚を前提としているケースだけは、例外として性行為は認められています。女の子は一六歳から親の了承のもと結婚できますから、例外はここだけです。

このような、からだを買われる子どもたちに、今まで三百数十名以上かかわってきました。小学生というのはまれです。でも東京あたりだと、渋谷の百軒棚を昼に回ると、けっこう保護するケースがあります。

その子たちになんでからだを買われるんだと聞きました。僕は最初はおカネだと思っていた。でも、彼女たちの八割以上が違う。少なくとも、後々おカネにはなるけれども最初は違うし、最後までおカネじゃないという子もいます。なぜ？「優しいから」、「大事にしてくれるから」。裏を返せば、それだけ優しくされていない、大事にされていないということです。あのときは愕然《がくぜん》としました。

みなさん方のなかでお母さんをやっている方、胸に手を当ててください。今までの自分の子育てで、子どもを褒めた回数と叱った回数、どっちが多いですか？　褒めた回数が多い方、どうぞ手を挙げてください。

……少ないですね。困ったもんですね。みなさん方の子どもさん、そんなにワルですか。人を殺しました？　人のものを奪いました？　違うでしょう。

人というのは褒められることで成長していく。自己肯定感がついてくる。夜の世界で非行や犯罪を繰り広げる子、あるいはリストカットをする子、病んでいく子、とくにからだを中高年の男に一夜買われる子の多くは、自己肯定感、自信がない。昼の世界で徹底して攻撃されているんです。僕は子どもたちの代表者だと思っていますから、子どもたちに代わってみなさんを責めましょう。今、子どもたちを叱ってばかりいる悪い親たちを、母親を。

子どもを叱ってばかりいるお母さんが、ご主人のためにおいしい料理をつくって待っていたとします。ご主人が帰ってきて「なんだ、こんなブタに食わすようなものをつくりやがって。おまえの料理なんか食えない」と言われて、毎日、外食されたらどうします？　毎日毎日、「おまえはこれもできない、あれもできない。ダメな女だ。おまえなんかと結婚しなきゃよかった」と言われたら、どうします？

せめて仲良くなろうと思って一五回めの結婚記念日に、一五本の赤いバラを飾ってお部屋をきれいにして、きれいなお洋服を着て、ケーキをつくって、ハートマークかなんか描いて、「ラブ15♡」と書いたのに、「こんなことやっても遅い。終わったんだよ」、そう言われたら、非行中年になるでしょう（笑）。

「おまえのつくるものはおいしいなあ。ほんとにおまえの優しさがいい。おまえがいるから俺がいる。ほんとにおまえは素敵だよ。おまえを愛してよかった。結婚してよかった。おまえのいない人生なんて星のない夜空みたいだぜ」（笑）。ここまで言われたら、冷えた缶ビールも出てくるでしょう。人は褒《ほ》められることで伸びていくんじゃないですか。

褒《ほ》めて、褒めて、愛を与えて

ツッパっている子の顔が優しくなる。笑顔が浮かぶ。

それで彼らは明日への力をつけていく……。

僕は教員生活二二年、今度の九月三〇日で退職することになりました。無念です。

横浜市とはどうも合わないようです。ともかく退職することになって、この二二年間の教員生活を振り返って、ひとつだけ胸を張れることがあります。ただの一度も生徒を叱ったことがない。怒ったこともない。怒鳴ったこともない。殴ったこともない。声を荒げたことすらない。僕の教員人生にあるのは、うれしい顔、楽しい顔、……昔は多かったな。それから悲しい顔、涙、それだけですね。

僕は、子どもは花の種だと思っています。みなさん方が春になってどんな花の種をどう植えようと、ていねいに慈しみ、愛し、育てれば、時期がくればかならずきれいな花が咲く。子どもだって同じでしょう。親が、教員が、地域の大人が、マスコミまで含めたすべての大人が、「おまえのそういうところ好きだよ」、「おまえにはこういう未来がある」、「おまえっていいやつだなあ」と、褒めて褒めて愛を与えて育てれば、どんな子だって時期がくればきれいな花を咲かせるんです。もし腐った花を咲かせたり枯れたりする子がいたら、大人が加害者です。

いつも子どもの側に立って生きてきました。だから僕は、暴力団の組事務所に突っ込んでも、渋谷の街で暴力団に囲まれても、生きてこられたのだと思っています。殺そうと狙っているやつはたくさんいるでしょう。それ以上に命をかけて水谷を守っている人間もたくさんいるんです。水谷を殺した人間は、日本では一週間生きられないそうです。かならずバラされる。そうやって僕を守ろうとしている暴力団員すらいるという、笑い話です。

僕は学校のなかでもできるだけ子どもを褒めるんです。

「おまえのそういうところ好きだ。おまえカッコいいじゃん」。

ツッパっている子の顔が優しくなる。笑顔が浮かぶ。そういうなかで彼らは明日への力をつけているんです。これは攻撃型の今の社会と逆なんです。それを多くの養護教諭の方がなさってくださっているのは知っています。だから、保健室へ、保健室へと多くの子どもたちが逃げ込んでいく。

そのなかで多くの養護教諭の方々が苦しんでおられる。結局は学校の教員や管理職と子どもたちとのあいだに立って苦しむしかない。そんなときでも、ぜひ子どもの側に立ってやってほしい。たてつくことはないにしても、子どもたちに言葉は要らない。「私は力がないかもしれない、弱いかもしれない、でもあなたの側には私がいるんだよ」と、話を聞いてやってほしいんです。そのこと自体が、今やっている《買春される》やリストカットをその場で止める力にならなくても、子どもたちが、もう一度大人って信じてみていいかもしれない、少なくともここに一人、優しい自分を認めてくれる人がいると思えたら、それは明日への力になっていく。

水谷はよく多くの子どもを救っていると言われています。それはウソです。僕はただの一人も、子どもを救ったことはない。僕がやっているのは、僕に相談にきた子の側にいることだけなんです。救っているのは子どもたち自身なのです。

僕は非常に危ないことをやっています。親に、あるいは教員に、大人によってズタズタにされた子どもたちに、「水谷というのがいるぜ、俺はおまえの側にいて、俺はおまえのことが心配なんだ、こういう大人だっているんだから、もう一回大人を信じてみないか」と。それをやっているのが水谷です。つらいですよ。

そんななかで、さっきの福島の少年のように、優しい校長先生に救われ、明日が生まれる子もいる。でも、僕がいるために、もう一回信じてみようと思ってまわりの人間を信じて、もっとズタズタにされていく子もいる。その子どもたちのことを考えると、髪は白くなるし、歯はガタガタになってくる。ぜひ助けてください。

みなさん方が、最も子どもたちの悲鳴がストレートに届き、最も子どもたちが救いを求めていく場となってください。救うことはできなくても、側にいていっしょに抱きしめ、泣いてやることができる。それだけでその子どもたちは、少なくとも目の前の明日を生きる力をみなさんからもらうことになると思います。

女子の非行・犯罪を防ぐカギ

女子は男子と違って非行に踏み切る最初の壁は高いが、
それを越してしまうと一気に崩れてしまう。

女の子の非行・犯罪が非常に増えています。日本は戦後、男性と女性の刑法犯比は二〇対一と言われました。男性が二〇人悪いことをやるときに、女性は一人だと言われました。ただ、例外があります。昭和三二年の一年だけ六対一になった。昭和三二年といえば、売春防止法が制定され、売春をしている女の人の取り締まりが徹底して行われた年です。けれど、このところ成人で六対一、少年で三対一の状況が続いていています。

このように、女性の犯罪が非常に増えてきています。これは男と女の汚れ方の違い、崩れ方の違いを見ていくと、防ぐことができます。男というのはダラダラ直線で崩れていきます。根性ないです。茶髪も一発で茶髪にできない。ちょっと染めてみて、まわりを見渡して。かつてのリーゼントもそうですよね。五ミリ持ち上げてまわりを見て、一センチ持ち上げてまわりを見て。男の子は一挙に非行に入れない。だから格好や言動を見ればどのポイントにいるかがわかって、非常に指導しやすいんです。

ところが、女の子は違う。今は夏休みですが、みなさん、心配な子どもたちがこの休み中にどんな顔にしてくるのか、九月に会うのが怖いでしょう。まったくわからない顔で来る子がいますからね。顔を濡れたタオルでこすってやらなきゃいけないような子もいます。

女の子というのは最初の壁が高い。とくに性行為がそうです。一回めの壁というのはものすごい抵抗感がある。それを越してしまうと、ドーンといくんです。最初の壁をどう高くするかが、女の子の非行・犯罪をいかに防ぐかのカギになります。

では、その最初の壁は何か。これが自己肯定感や自信なんです。女の子ほど褒めてやってほしい、愛してやってほしい。

日本というのは優れた国で、こういう言葉があります。「子どもというのは、受けた愛の数が多ければ多いほど非行から遠ざかり、受けた愛が深ければ深いほど非行に入ってもその傷は浅い」。まさに女の子の場合ほど重点的にやってほしいと思います。

異常犯罪・凶悪犯罪の増加の原因
家以外の居場所を用意しないまま、「無理して学校に行かせなくていい」とした国の政策変更は犯罪的だ

異常犯罪、凶悪犯罪がものすごい勢いで増えつつあります。それも、今までとレベルが違うかたちで増えつつあります。この異常犯罪については、今後の日本の大変な問題になっていくだろうと思います。これはひとつ間違うと差別発言につながりかねないのですが、みなさんには伝えなければならないと思いますのでお話をしておきます。

今、日本は「不通学」――僕は不登校という言い方が嫌いです――、この言葉を日本からなくしたいと思っています。学校というのは登校、下校、登って下りるえらいところですか？　あれは登城、下城という江戸時代のお城の概念でしょう。なんで通学でいけないんですか。「不通学」が非常に増えている。今、一三万一〇〇〇人といわれています。実数はもっと多いでしょう。ひきこもりが三〇万人といわれている。

これなんてふざけるな、ですよ。もっともっとはるかに多いはずです。

これはある意味で、労働力という社会資源を失う国家的な問題だと言う。それはひとつの見識です。でも、それ以上に僕は、これが将来的に日本のなかで異常犯罪が増えていく原因となりうると考えています。

先日、兵庫県・加古川で殺人事件が起きました。あの加害者の男性もひきこもりだった。また、新潟県で佐渡島の二六歳の男が中学生を拉致した事件。中学生は無事に戻りましたが、この加害者もひきこもりでした。あるいは柏崎では、何年間にもわたって一人の少女を監禁した男性が捕まった。彼もひきこもりでした。こうした事件は異常に増えていくだろうと思います。

この問題にかんしては、今から九年前、当時の文部大臣と文部省の役人には罪を償ってほしい。国外退去でもいい、無期懲役でもいいとさえ思う。彼らはとんでもないことを言ったでしょう。「無理して学校に行かせなくていい」、覚えていますか。マスコミも大々的に報道しました。文部省の画期的な判断だと言われたでしょう。それまではぜったい不登校（不通学）はダメだ、学校に行かすんだと言っていました。たしかにそのために多くの子どもたちが苦しんだ。かえって追い込んでいったことは認めます。でも、国が「無理して学校に行かせなくていい」と言ってどうするんですか。小学校一年から中学校三年までの教育は国の義務でしょう。あれは憲法違反ですよ。あれを許した私たちもバカだった。こう言うべきだったんです。

「無理して既存の小学校、中学校に行かせなくていい。でも、こういう施設がある、こういうサークルがある、こういう会がある。こういう場所もあるし、こういう別の学校もある」。

ほかの居場所を設定しないまま、既存の学校へ行かなくていいと言った。では、どこにいるのか。家にいるしかなかった。国がつくった社会的な問題です。これは早期の解決が望まれると思います。

みなさん方のなかでもたぶん、不通学の子どもを抱えている方がいると思います。そして、日本の学校で不通学の子のいない学校なんてまずないと思います。学校が不通学の子どもを抱えたら、その子どもに直接介入することよりも、まず第一にやらなければならないことは何かわかりますか？　親です。カギは親にあるんです。

不通学の子の親で優しい親だと、最初のうちは子どもが「おなかが痛くて学校へ行けない」と言うと、「いいよ。今日はゆっくり休もうね」。四日、五日、六日、七日、八日と休むと焦《あせ》ってきて、「ああ、中間試験が近づいてくる。中間試験を受けないと、うちの子、高校に行けなくなる」。一〇日めぐらいになると爆発して、「もういいでしょ、あんたこれだけ休んだんだから。行きなさい、今日は」と追い出す。子どもは泣きながら学校に行くわけです。そして学校に行けても、保健室。その後、親は苦しみます。「あんなにつらいのに、なんであの子を追いやってしまったのか」。親自身が精神のバランスがとれなくなってしまう。

不通学の問題が発生したケースでは、親をできるだけ早期に受け皿になってくれるグループに紹介します。同じ問題で悩んで苦しんでいる子たちの親のグループが全国すべてのおもだったところにあります。僕の住む神奈川県は、日本でいちばん優れていて、三〇以上あります。それがサポートセンター的な役割をしたり、あるいはグループホーム、NPO、作業所の認定をとりながら、子どもたちも含めて活動している。孤立化させないで、そこで先輩である不通学、ひきこもりを抱えた親たちからいろいろ学んだり、ともに悩む仲間をつくるんです。そのことで親が安定してくる。

親というのは、薬物の問題でも心の問題でも、治療者としてはいちばん重要なポイントになります。なぜなら、とくに家庭に入ってしまったら、学校の教員はコミュニケーションがとれない。つねにその子の側にいるから、その親がどう動くかがその子に最も大きい影響を与える。親をそういうところで育ててもらうんです。孤立化しないように、親との連絡を保健室であれ担任であれ生徒指導であれ、絶やさず家庭訪問を繰り返しながら、その子に会いにいくより親に会いにいく。これはすごく大事なことです。

水谷はおもしろい人間で、自分のクラスにほとんど不通学をつくったことがない。なぜだと思いますか。簡単ですよ。家に行くんです、夜中の一二時に。朝の六時まで、課題をもっていって、「おまえ、これやれ。おまえがやんなかったらいいよ、俺が書いとく。これを出すと、おまえは一時間出席」。一日六時間でしょう。三回行けば、一八時間です。それを毎日毎日繰り返していくと、子どもが音をあげます。「先生、もういいよ。俺、行くよ。だから来ないで」と言う。そういうケースもあります。

そんなかで、苦しみながらでも単位を埋めて卒業していく子もいる。教育というのは労を惜しんではいけない。ほんとうに動いてやれば、動いただけの成果はいろいろ出てきます。

僕は今度の九月で教育の現場を去るのが無念です。「水谷 ―《マイナス》 教員」ってなんだろう。じつは何も残らない、幽霊になってしまうんじゃないかと思います。教育というのは、注いだ愛にはかならず報いがくる。こんな幸せな世界というのはないと思います。たとえば株にカネを使ったからといってかならず儲かるわけではない。でも、子どもは違う。ほんとに愛を注いでやれば、それに見合うだけのものをかならずわれわれに返してくれる。思えばほんとうに幸せな教員人生だったと思います。

異常犯罪の問題を、ひとつの典型的なひきこもり、不通学の例から見ました。凶悪犯罪は、いま非常に増えてきています。それもふつうの子がヘルメットで人の頭を殴ったり、棒で殴って殺してしまったりというケースが出てきています。この背景にあるものとして、ひとつはゲームとかテレビ、漫画や映画の影響を忘れてはいけないと思います。日本は性にかんしてはものすごく厳しい国です。映倫というものがあって、映像から写真からすべてを規制されている国です。ところが、暴力にかんしては非常に緩い国でもあります。

日本では、映倫が映画の上映に三つの制限を設けているのをご存じですか。一つは「R－18指定」で、一八歳未満は見てはいけない。次に「R－15指定」で、一五禁といって一五歳未満は見てはいけない。ちなみに『バトルロワイアル』はR－15指定、一五禁でした。そして「PG－12指定」は一二歳未満は保護者同伴が好ましいというものです。

でも、たとえば日本で子どもに大人気の『ドラゴンボール』という漫画、あれはフランスでは一五禁、アメリカでは「一三歳もしくはそれ以上」と記されています。殴り合いをやって相手を倒していく『バーチャファイター』というゲームを知っていますか？　あれはアメリカでは成人用のゲームで一八歳未満はダメです。暴力にかんして日本は非常に緩い。そこを家庭でも学校でもきちんと教えていくことが必要です。

僕は夜回りでゲームセンターへ行って、子どもたちが殴り合いのゲームをしていると、こう言います。

「ちょっと待て、おまえたち。今の蹴り、肋骨《ろっこつ》に入ったろう。こいつの体重が八二キロとすると、たぶん瞬間荷重が一六〇キロはいってるな。一六〇キロで肋骨に蹴りを入れた場合に、この位置だと、第三、第四、第五は単純骨折ですむ。第六から第七肋骨にかけては、かかとの入りようで肺に刺さる。もし鮮血を吐いた場合には、二〇分以内に医療的な措置をとらないと死ぬよ」(笑)。

わざとそういうことを教えているんです。そういうことについてもちゃんと伝えていく努力をしていかないと、大変なことになると思います。

薬物乱用にどう対応するか

若者の薬物乱用は「依存症」で「感染症」という怖い病気だ。
愛や罰の力では直せない。

そして五点めが、私の本業である薬物の問題です。先日、埼玉でも大麻で多くの高校生の逮捕者が出ました。薬物については大変な時期にきています。現在が「第三次覚せい剤乱用期」と呼ばれていることは、みなさんご存じだと思います。

一九九八年、文部科学省が全国すべての高校に、年間一回の薬物予防講演および高等学校保健の授業で三時間の薬物予防の授業をするよう要請しました。翌九九年に全国すべての中学校に薬物予防用のビデオを配り、年間一回の薬物予防講演および中学校保健で三時間の予防教育をするように要請し、翌二〇〇〇年には、全国すべての小学校に薬物予防教育用のビデオを配り、年間一回の予防教育、講演会をやってほしい、小学校体育の授業のなかで、タバコ、アルコールを含めて二時間の薬物教育をやってほしいというかたちで要請を出してきました。これは二〇〇二年からは命令になっています。

実施率は年々あがってきていますが、その効果はほとんど出ていません。その原因のひとつが、小学校二年、中学校三年、高等学校三年の八ヶ年の体系化された教育プログラムがつくられていないことです。

それともうひとつ、講演会ひとつをとってみても、ほとんどが保健所や警察まかせで、単なる数値統計の発表や、「怖いよ、やったら死んじゃうよ、ダメだよ」という脅し型の予防教育です。これについては文句を言っても始まらないんです。本来、この問題について対処すべき学校の三つのポジションの人間がまったく動いていない。ひとつは養護教諭です。もうひとつは保健体育科の教員です。もうひとつは生徒指導の教員です。この三者が連合して、この問題について広くかかわって勉強していかなければならない。

性の問題にかんしては教員の世界でプロはたくさんいます。すばらしい方がたくさんいる。では、薬物の世界ではといったら、日本で二人だけと言われています。都立の定時制高校の先生をお辞めになって、今は文科省の委員をやっておられる原田幸男さんと、僕しかいないだろうと。教員の世界からプロがほとんど出ていないのです。これではどうしようもないんです。

薬物の問題は今、政府の内部でも国家存亡の問題だと言われています。なぜか、じつは大人の薬物乱用は怖くないんです。みなさん方が覚せい剤を使おうが、MDMAを使おうが怖くもなんともない。みなさん方は賢いです。自分が使ったからといって、たとえば職員室で「先生、これ、スピード。いっしょに使いましょう」なんて言いません。人に勧める行為は最も露見しやすいですから。

ところが子どもは違う。集団で動いています。非行傾向のある子、夜遊びする子ほど、五人、一〇人、一五人という集団で動く。その集団にたった一グラムの大麻、マリファナが流れれば、全員で回し吸い。たった一リットルのシンナー――一万円ですよ――があれば、一五人ぐらいで三日は楽しめる。そうやって広まってしまう。

われわれはこう言います。「若者の薬物乱用は怖い。《面》で広がる」。口の悪い人は、「若者の薬物乱用は感染症だ」と言います。これがまさに今の時代の怖さなんです。

薬物というのは怖いものです。僕はそれをマサフミという一人の少年の死で知りました。愛の力で治そうと思ったのです。「うちにおいで」と言って、いっしょに生活をする。一週間～一〇日、僕のうちでいっしょに暮らしているときは薬物をやりません。けれど家に戻せばまた二〜三日後にはやっている。今から一三年前です。ダンプに飛び込んで死にました。僕が最初に殺した少年でした。

でも、そのときに知りました。薬物の問題は、一に犯罪、二に病気。国の法律を犯した犯罪であると同時に、薬物をやめられないのは依存症という病気なのだ。病気なのだから、愛の力や罰の力では治せない。生徒指導の先生が「謹慎一ヶ月」といって家に一ヶ月いさせたって、やめられないんです。「私がついてるからいっしょにやめようね、やめようね」と抱え込みをやったって、病気は治らないのです。それはそうでしょう。四二度の熱を出した子を「私の愛で治してあげる」といって抱きしめたって、熱は下がらない。胃けいれんを起こしている子に「おまえの根性がたるんでるからだ。グラウンド一〇〇周」とかいったら、治るどころか死んでしまうわけでしょう。それを知ったのは、一人の少年の死を契機にしてでした。

これはすごく大事なことなんです。たとえば薬物が愛の力でやめられない。依存症というのが病いだというのを教えるのは簡単なんです。みなさん方のなかで、ご主人か愛する人がタバコを吸う方は、家に帰って「あなた、私を愛してる？ 愛してるのなら、今この瞬間からタバコをやめてね」と言ってみてください。ご主人や愛する人はその瞬間からタバコをやめてくれるでしょうか。

そしてこのやりとりを子どもに見せるんです。子どもは一発でわかりますよ。これが依存症という薬物のもつ最も怖い特性なんです。愛の力では勝てないんです。たかがタバコで勝てないものが、タバコよりはるかに依存性のある大麻、シンナー、覚せい剤、MDMAでやめられるわけがない。

このようななかで、わが日本は、あるいは学校の教員は、薬物予防教育を勘違いしています。薬物予防教育というと、ともすると「シンナーは怖いよ、覚せい剤は怖いよ」と、ハードドラッグ、ヘビードラッグの問題について言及します。

薬物の定義をふたつ言います。ひとつ、やるとやめられないもの。依存性物質ということです。

もうひとつ、やると捕まるもの。これは正確に覚えるんです。法律によって使用が禁止または制限されているものです。禁止は簡単ですから、われわれはそこばかり教える。そうじゃなくて、法律によって使用が制限されている薬物を考える。これは三つあります。アルコールとタバコともうひとつです。アルコールとタバコは未成年者が使えば、使わせた大人が罰せられます。五〇万円以下の罰金、科料です。前科一犯です。

もうひとつ、お医者様がくださる薬を処方薬というのはみなさんご存じですね。胃の薬、風邪薬、さまざまな薬をお医者様からいただいたことがあると思います。ご自身がいただいた薬をご家族に「ちょっとおまえも飲んでみないか」と飲ませたことのある方、手を挙げてください。

今、手を挙げた方、あとで入り口に集合です。警視庁に私といっしょに行きましょう。逮捕です。薬事法違反です、厳密に薬事法を解釈すれば。僕は老眼なので、今日は見えなかったことにしますが。

医者が処方する薬というのは、処方された本人が飲むか捨てるかなんです。もしも眠れない人がいるからといって睡眠薬や向精神薬を渡していたら、これは麻薬及び向精神薬取締法違反。薬物関連五法のなかで最も厳しい法律違反で罰せられます。

そういった背景にあるのは、みなさん方のように日本人は薬というのは安全で安心でいいものだと頭に刷り込まれているということです。

薬というのは、毒をもって毒を制するという目的でつくられた毒なんです。非常に危険なものだからこそ、薬剤師というたいへん高度な学習をして、高度な国家試験を通過した人が指導管理している。「薬剤師の指導のない薬は使うなよ、薬物は危険、薬は危険」と、幼稚園の段階から親と子に教えることが、ほんとうの薬物乱用防止教育です。

薬というものは危険だ、薬剤師から確認して飲み方や使い方を聞かなければならないと思っている子が、夜の街でオレンジやピンクや青い錠剤を買いますか。白い粉を買って使いますか。巻いてあるマリファナを吸いますか。液体のシンナーを吸いますか。安易に手を出す背景には、薬と名がついていれば安全で安心という刷り込みがあるからです。それを日本国民の意識のなかから消していくことが、じつは最も簡単にできるし、いま最も求められている薬物予防教育だと思います。これならみなさんで十分にできるんです。

みなさんの薬に対する無知さをもうちょっと露見させていただきます。ここでは恥をかいてください。錠剤型の薬があります。タブレットといいます。この錠剤型の薬、ついついなめすぎて苦い思いをしたり、嚙んで飲んじゃったことのある方、手を挙げてください。

いらっしゃいますね。カプセル型の薬、きれいだな、何が入ってるかなと思って開けたらこぼれそうになって、なかだけ飲んじゃったことのある方、手を挙げてください。

これもいらっしゃいますね。

自殺行為ですよ。薬というのは緻密に設計されている。錠剤型のタブレットの薬は、マルチコーティングといって多層構造をとり、外側から順番にそれぞれの場所で溶けて効くようにつくってあるわけです。それを噛んでしまったり、表面を最初に溶かしてしまうと、本来は十二指腸で吸収されなければならないものを、胃で吸収してしまい、効果がなくなったりする。極端なケースは、胃は通過して十二指腸、小腸ではじめて効く。胃で吸収してしまうと、胃液に反応して胃に穴をあける成分をむき出しにしてしまう可能性があるわけです。

カプセル型の薬はスポット療法といい、ある部分まで溶けないで、ある部分で一挙に溶けて効果を発揮するようにつくってあるのです。それを、中味だけ飲むというのは、効果がないどころか自殺行為です。

学校というのは子どもに対する教育機関であると同時に、親に対しても教育ができるのです。どの学校にも学校薬剤師がいるわけですから、小学校の低学年から指導させる。これはすごく大切なことだと私は思います。

笑顔のあふれる社会づくりへ

せめて学校や家庭では、「いいんだよ、おまえっていいやつだよ」と子どもたちに言ってほしい。

振り返れば僕は、この一三年間で自分とかかわった二二名の人間を殺してきています。全部薬物です。一九名が子ども、三名がその親です。親子で死んだケースもあります。今の僕ならば、このうちの一四〜一五名は殺さなくてすんだ。助けられた。でも、僕自身がいくら学んでいって、いくらいい医者と関係をもって動けるようになっても間に合わない。僕はその償《つぐな》いの意味で、夜の世界で残り少ない人生を生きていこうと思っています。

でも、みなさん方は違う。そんな償いの要らない昼の世界の人たちです。ぜひお願いしたいのは、ともかく子どもたちに自己肯定感をつくってあげてほしい。いちばんそれができるのは、みなさん方だと思います。自己肯定感をつくることは簡単なんです。子どもたちのいいところを見つけ、いいところを褒《ほ》め、それを明日への力となるようにつないでやってほしいのです。

最後にもうひとつ、最初に幸せな小四の男の子の話で始めたので、最後もせっかくだから明るい話で終わりにします。この一三年間でもうひとつ嬉しいことがありました。今から四～五年前の二月半ばに、神奈川県藤沢市のある中学校の三年生を対象に薬物予防の講演をしにいきました。それが終わったら、生徒の一人が「先生、質問」という。「どうした？」と聞くと、「僕たちに悪や薬物の魔の手がこないようにするにはどうしたらいいですか」という質問でした。「おまえ、いい質問だなあ。笑顔だよ。笑顔があふれる家庭や学校、地域に薬物や悪なんかくるか」と言いました。

「先生、もう一回質問」という。「なんだ？」と聞くと、「どうやったら笑顔ってわくの？」と言われました。

「そうだな。挨拶と声がけやってごらん。それだけでも変わるよ。おはよう、こんにちは。挨拶はわかるよな。声がけってわかるか。後輩が暗い顔をしていたらポンと肩をたたいて、『おい、どうした。俺がついてるぞ』、先生が暗い顔で廊下を歩いていたら、ポンと肩をたたいて、『先生、二日酔い？』と言ってやれ」と言ったんです。

そうしたらこの子たち、ほんとうにいい子たちで、卒業式までの残り一ヶ月、明るい学校を後輩たちに残そうと、クラス対抗挨拶コンクールを始めたんです。校長先生と三年担当の先生がワルノリして、一等を取ったクラスにラーメンをごちそうしてやる、と。うまいラーメン屋が近くにあったらしいんですね。そうしたら、子どもたちは乗りました。

「おい、俺、学校に来る途中、大船経由で来て、七一回挨拶してきたぞ」（笑）。

「チッチチッチ、甘い甘い。俺なんて朝、イヌの散歩から入れて一〇三回だよ」。

この校長先生から、五月に分厚い封筒が僕に届きました。封筒のなかには、手紙のコピーが入っていました。久しぶりにうれし泣きをしました。こういう内容でした。

「私はおたくの中学校の通学路に住む七二歳のおばあちゃんです。一〇年前に連れ合いをなくし、この一〇年間、ずっとお迎えを待ちつづけた日々でした。私には子どもも孫もおりません。

ところがこの二月の半ばごろからおたくの生徒さんが、私が朝、道を掃除していたりすると、『おばあちゃん、おはよう』って声をかけてくれるんです。持ったことのない子ども、持ったことのない孫を持ったような気持ちになりました。

先日などは、私が朝、大きなゴミを捨てようとしていたら、『おばあちゃん、持ってってやるよ』と二人の子が持っていってくれました。おたくの生徒さんはこの年寄りの心に花を咲かせてくれました。せめてものお返しにと、今年の春、花の種や球根をたくさんお庭にまきました。育ったら、学校にお届けします。子どもたちの部屋に飾ってやってください」。

人間はいいものだなと思いました。いがみあい、人が人を攻撃したり傷つけたりのなかで行き会うのがあたりまえになっている。でも、せめて学校や家庭は、「いいんだよ、おまえっていいやつだよ」と許しの場にしてやってほしいと思います。子どもたちがひとつの笑顔でもふたつの笑顔でも、できれば無限の笑顔をわれわれの社会のなかでもてる、そういう社会づくりを、ぜひみなさん、がんばってみてください。

今日はどうもありがとうございました。

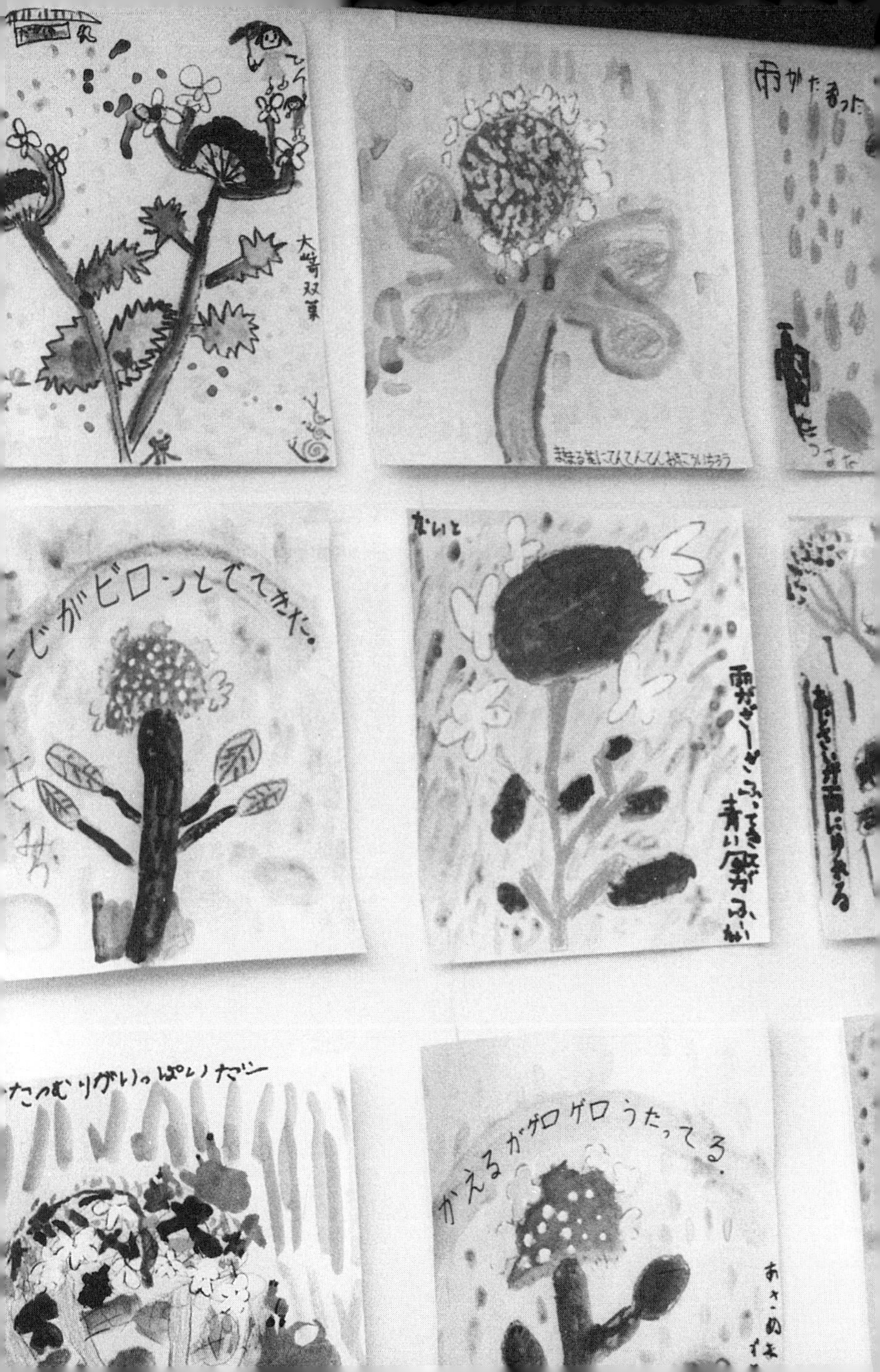
大崎双葉
じがビローンとでてきた。
たつむりがいっぱいいた
かえるがゲロゲロうたってる。

みどりのはっぱにぽっぽ
きれいなあめがふったとき
雨がふってき

epilogue
エピローグ

この本は、私が、毎日新聞社のウェブサイト「MSN毎日インタラクティブ」（MSN-Mainichi INTERACTIVE）に、二〇〇四年二月から連載を続けている「水谷修先生の夜回り日記」に加筆・修正したものと、私がこの八月に東京で行った、東山書房主催の講演会の講演録をまとめたものです。

なにを今さら、一度公にしたものを再度本として出版するのかとお考えになる方もいると思います。私も最初は、これらを出版するつもりはありませんでした。

私はこの九月まで、横浜市にある夜間高校の教員でした。私の仕事は、当然生徒たちに明日を語ることであり、「夜の闇に沈む子どもたち」や「夜眠れない子どもたち」を昼の世界に戻すことでした。私はこの一三年間、「夜の世界」の住人でしたし、「夜の世界の子どもたち」とともに生きてきた数少ない大人の一人です。

しかし、たとえ私が「夜の世界の子どもたち」を昼の世界に戻したとしても、昼の世界のみなさんが、彼らの哀しみを心から理解し受け入れてくれなければ、彼らはまた「夜の世界」へと舞い戻ってしまいます。そうならないために、一人でも多くのみなさんに「夜の世界の子どもたち」のほんとうの姿と哀しみを伝え、一人でも多くのみなさんが彼らを昼の世界で受け入れてくれるようにと始めたのが、ひとつは全国各地での講演であり、この連載でした。

これらの連載の一つひとつに、また講演での一言ひとことに、彼らの哀しみが込められています。これらを一冊の本として出版することで、さらに多くの人に「夜の世界の子どもたち」について知ってもらいたいと私は考えました。そして、この本ができました。

この本が、一人でも多くの人の目に触れ、一人でも多くの人が、私の大切な子どもたち、昼の世界で傷つけられ、非行や犯罪、援助交際などというとんでもない名前をつけられた買春や薬物乱用に走った「夜の闇に沈む子どもたち」や、そうなるには優しすぎ自らをリストカットやＯＤ（処方薬や市販薬の過剰摂取）、自殺願望や不登校に追い込んでしまった「夜眠れない子どもたち」と、優しさと愛をもってともに悩み、ともに生きてくれることを、心から願っています。

最後に、この本の出版を快く支えてくださった毎日新聞社、東山書房のみなさんに、心から感謝いたします。

二〇〇四年一一月八日

水谷 修

初出
Part I「夜回り日記」

毎日新聞社ウェブサイト「MSN毎日インタラクティブ」(MSN-Mainichi INTERACTIVE, http://www.mainichi-msn.co.jp/)での連載「水谷修先生の夜回り日記」(2004年2月6日〜11月10日)を加筆・修正したものです。

Part II「夜回り先生、子どもたちの明日を語る」

第43回学校保健ゼミナール(2004年8月5日、東山書房主催)における講演録「夜眠れない子どもたち」を加筆・再構成したものです。

写真協力
学習研究社『ピチレモン』編集部
小学館『女性セブン』編集部
サンクチュアリ出版

●著者略歴
水谷 修（みずたに おさむ）
1956年横浜市生まれ。上智大学文学部哲学科卒業。1983年横浜市立高校の教師になり、1998年から市立戸塚高校定時制社会科教諭、2004年4月から市立横浜総合高校教諭。同年9月、高校教諭を辞職。中・高校生の非行防止と更生、薬物汚染の拡大防止のために、全国各地の繁華街で「夜回り」を行う。また薬物防止等の講演で全国を駆け回る。2003年東京弁護士会第17回人権賞受賞。

●主な著書
『さらば、哀しみのドラッグ』（高文研、1998）、『さよならが、いえなくて』（日本評論社、2000）、『さらば、哀しみの青春』（高文研、2003）、『ドラッグなんていらない』（東山書房、2004）、『夜回り先生』（サンクチュアリ出版、2004）、『夜回り先生と夜眠れない子どもたち』（同前、2004）

夜回《よまわ》り先生《せんせい》の卒業証書《そつぎょうしょうしょ》
冬来たりなば春遠からじ

2004年12月20日 第1版第1刷発行

著　者　水谷 修
発行者　林 克行
発行所　株式会社 日本評論社
〒170-8474 東京都豊島区南大塚3-12-4
電話　(03)3987-8621［販売］　03-3987-8631［編集］
FAX　(03)3987-8590［販売］　03-3987-8596［編集］
振替　00100-3-16　http://www.nippyo.co.jp/
印刷所　平文社
製本所　難波製本
写　真　疋田千里
装　幀　妹尾浩也

ISBN 4-535-58427-3　Printed in Japan